# TRICK 17

## WOHNEN & EINRICHTEN

CLAUDIA GUTHER

# INHALT

WANTED: Socke

# VORWORT

**Du liebst es, ab und an deine eigenen vier Wände neu zu gestalten, und magst hier aber auch nicht immer erneut Geld ausgeben? Dann ist dieses Buch genau richtig für dich!**

**Das Buch ist gespickt mit neun tollen Themenblöcken, die viele DIY-Projekte beinhalten oder einfach Alltagsgegenstände mit einfachen Mitteln in einen „Designer-Eyecatcher“ verwandeln.**

**Damit du dich gut zurechtfindest, haben wir die Blöcke mit einer kleinen Übersicht versehen, es gibt Material- und Werkzeug-Checklisten sowie hilfreiche Tipps.**

**Du bist schon gespannt?! Dann lass uns loslegen!**

**Ich wünsche dir viel Spaß, deine**

# Möbel und Kleinmöbel

**Dein Sessel passt farblich nicht mehr zu deiner Einrichtung, er ist aber ultrabequem? Dann streich ihn doch einfach neu an! Es gibt in der Tat stofftaugliche Farben dafür, probier es mal aus.**

---

Wenn dein Sessel ein Muster hat, scheint das durch und erzeugt einen tollen Effekt!

# 1

Ein kleiner Tapetenwechsel gefällig? Dann fang doch mit den einfachen Dingen an, die du um dich herum herumhast. Einfach nach der Philosophie: Aus ALT mach NEU oder ANDERS!
Hier findest du Lifehacks und Ideen zu (Klein-)Möbeln, die vielleicht ihren alltäglichen Gebrauch verändert haben. Du fährst nicht mehr Skateboard, aber möchtest es nicht einfach im Keller die nächsten Jahre bis zum nächsten Entrümpeln verstauben lassen? Mit etwas Geschick und einfachen Mitteln entstehen hier tolle neue Möbel mit Erinnerungswert.

2

# MACH MAL PAUSE

**Mit nur vier Schrauben, einem alten Gürtel und einem flachen ausrangierten Brett hast du schnell ein neues Tablett, das sogar noch voll stylish aussieht.**

Mit etwas Olivenöl eingerieben ist die Maserung des Holzes ein schöner Hingucker.

**Deine Bücherregale sind auch schon überfüllt? Dann mach es wie in der Großstadt, da wird bei Platzmangel auch hochgestapelt. Mit Hilfe von zwei breiten Metallwinkeln hast du hier direkt ein Kunstwerk an der Wand. Lass die Winkel in den unteren 1 cm des Buches verschwinden und schraube diese von außen mit einer Schraube fest.**

Nimm ein dickes Buch mit festem Einband als Aufhänger, das ist stabiler und wirkt besser.

# 3 HOCHSTAPLER

4

# TISCH-BLUMENBEET

**Hier passt mal kein Laptop drauf – einfach entspannen bei der tollen Oase! Je nach Material des Tisches sollte entweder eine Tüte eingelegt werden oder ganz Kreative können sich noch mit Beton einen kleinen Blumenkasten gießen, der in den Ausschnitt hineinpasst.**

---

Wähle hier am besten Pflanzen, die weniger Wasser benötigen.

**Mit schönen Urlaubserinnerungen kommt hier auch in trüben Tagen Stimmung auf! Bevor der Koffer nur im Keller einstaubt, kannst du ihm mit wenigen Schritten neues Leben einhauchen. Zwei Restebretter als Regale und fertig ist der neue Reise-Erinnerungskoffer.**

Die Bretter sollten stramm in den Koffer passen, damit dieser Stabilität erhält, und dann von außen mit Schrauben festgeschraubt werden.

5

# ICH PACKE MEINEN KOFFER

6

# BÜCHERTISCH

**Die einen gehen zum Bücherschrank, die anderen nutzen die kreative Stunde. Die Bohrlöcher sollten etwas großzügiger als die Gewindestange gebohrt werden, damit diese besser durch die vielen Bücher durchgeschoben werden können.**

---

Eine Glasplatte macht das Ganze noch edler.

**Als Sitzhocker einfach bequem und dazu noch wetterfest: Einfach einen alten Reifen mit Seil umwickeln und dieses mit Heißkleber und Schrauben fixieren! Die Sitzfläche wird mit zwei Holzkreisen gesichert, indem diese jeweils im Inneren des Reifens mit einem Kantholz gegenseitig gesichert werden.**

Je dicker das Seil, umso schneller ist der Hocker fertig!

# 7 STUBEN-HOCKER

8

# SKATEBOARD-ABLAGE

**Aus einem Skateboard und ein paar Schnüren kannst du ruckzuck eine schöne Ablage kreieren. Für Postkarten, Tickets, Wanderkarten oder was dir so einfällt.**

---

Mit einem dicken Gummiseil halten selbst Bücher!

**Mit ein paar einfachen quadratischen Bilderrahmen, die du mit der Außenseite an die Wand schraubst, hast du in Nullkommanichts ein paar coole Bücherregale.**

---

Ideal sind hier Holzbilderrahmen, die seitlich eine flache Auflagefläche haben bzw. aus Kantholz und nicht aus Profilholz hergestellt wurden.

# 9 RAHMENPROGRAMM

10

# BÜGELTISCH

**Garantiert nicht zum Bügeln! Aber perfekt, wenn du noch ein paar Holzkleiderbügel übrig hast.**

---

**1** **Dazu brauchst du: 4 Holzkleiderbügel, Glasplatte, rund, mind. 40 cm, 4 × 1 cm Filzklebepunkte, Holzleim, Holzklotz 2 × 2 × 3 cm, 2 Flügelmuttern, Metallsäge, Gewindestange, ca. 20 cm lang, d = 4 mm, Holzbohrer 4 mm**

**2** **Metallhaken aus den Bügeln drehen bzw. falls nicht möglich, mit Metallsäge bündig zum Holz absägen.**

1

2

**3** **An dieser Stelle den Bügel begradigen, indem 0,5 cm abgesägt werden.**

**4** **Zwei Bügel durchbohren.**

**Klotz mit den begradigten Flächen zusammenkleben, sodass optisch ein Schmetterling entsteht. Den Klotz noch mit einer Schraube sichern.**

**6** **Die Gewindestange wie folgt „auffädeln“: Flügelmutter-Bügel-Holzklotz-Bügel-Flügelmutter. Die Länge der Gewindestange bestimmen und entsprechend absägen. Erneut alles auffädeln und die Holzflächen mit Holzleim versehen. Die Schrauben festdrehen und zuvor die Bügel parallel ausrichten.**

**Das Untergestell dieses Tisches auf einer geraden Fläche ausrichten und den Leim trocknen lassen. Die Filzklebepunkte auf die Bügelecken kleben.**

**Die Tischplatte auflegen.**

Bunte Bügel machen dieses Objekt zur Stilikone!

11

# KOFFERTISCH

**Du brauchst einen neuen Beistelltisch? Hier kommt man immer ins Grübeln, wo dieser tolle Koffer überall wohl schon war. Um die Stuhlbeine zu befestigen ist es sinnvoll, von Innen ein Holz gegenzuschrauben.**

---

Und die kleinen Geheimnisse sind im Inneren aufbewahrt.

**Die Saugglocke hilft normalerweise bei Verstopfungen - dieses Mal wird diese selbst mit einem passenden Holzbrett im Inneren der Saugglocke „verstopft“. Dieser dient zur stabilen Wandbefestigung und zum Stabilisieren der Gummiglocke. Jetzt kannst du hier deine Jacken, Schals oder Taschen hinhängen.**

Den Stab aus der Glocke ziehen und von dieser Seite kürzen, damit die abgerundete Stilseite sichtbar ist.

# 12 SAUG-GARDEROBE

13

# FLASCHENTISCH

**Dieser Tisch ist mit wenig Aufwand hergestellt.**

**1 Dazu brauchst du:**

- Drei Flaschen gleicher Form
- Forstner-Bohrer, verschieden
- Brennspiritus
- Papiertuch
- Schleifpapier, fein
- Stichsäge
- Bohrmaschine
- Schaumstoffwalze
- Acrylfarbe, schwarz matt
- Faserstift dick
- Siebdruckplatte, 40 × 40 × 1,5 bis 2 cm

**2 Der Tisch ist ein Dreieck. Ob es gleichschenklig oder rechtwinklig wird, das bestimmst du.**

**In den Ecken wird mit dem Bohrer je ein Loch gebohrt. Verwende hier den Bohrer passend zu den angedachten Flaschen.**

**Die Kanten werden abgeschliffen.**

Je nach Flaschenart kann der Tisch unterschiedlich hoch sein.

**3 Die Rundungen werden passend mit einem Trinkglas oder einer Flasche als Schablone auf das Holz in den Tischecken angezeichnet. Die Kreise werden mit je einer Linie verbunden.**

**5 Säge nun mit der Stichsäge an der Markierung entlang.**

**7 Wenn dir die Farbe der Siebdruckplatte nicht gefällt, dann färbe diese einfach mit einer Farbe ein.**

14

# STEHT JEDEM GUT

**Du hast noch ein altes Skateboard übrig? Daraus kannst du ein stilechtes Stehtablett machen! Eventuell die graue Sandpapierseite mit Lack besprühen, sodass der Morgen farbenfroher startet. Die Radachsenlöcher können gut für die Tischbeine genutzt werden.**

---

Wenn man in alten Erinnerungen schwelgen möchte, auf jeden Fall das ganze Board mit der rauen Seite schrubben.

**Für ein originelles Weinregal brauchst du ein Brett, das ca. 10 cm breit und 80-100 cm lang ist. Als Maß nimmst du normale Weinflaschen, daher müssen die Bohrungen von 35 mm näher aneinanderliegen als die einer großen 1-Liter-Flasche. Lege fest, wie das Brett hängen soll: leicht schräg oder senkrecht an der Wand. Je nachdem musst du die Bohrungen mit dem Forstner-Bohrer schräg oder im rechten Winkel bohren. Das Brett mit zwei kleinen Winkeln an die Wand montieren, Flaschen rein, fertig!**

---

Um dem Holz eine nostalgische Note zu geben, schleife es leicht an und öle es dann ein.

15

# WEINREGAL

# 16

# PFLANZENSTÄNDER

**Mit nur vier Buchenholzstäben à 20 mm stark und den passenden vier Kupfer-T-Stücken hast du schnell einen Blumenständer gebaut. Schiebe die Stäbe durch das T-Stück. Wenn alle vier Beine die gleiche Höhe haben, verklebe diese innen. Das Kreuz wird mit einem dünneren Stab gebaut. Bestimme die Größe der Standfläche deines Topfes und berechne die Länge und die Standfläche. Bohre noch ein 5-mm-Loch durch den langen Stab und schiebe einen Holzdübel durch. Der zweite Stab wird halbiert.**

---

Damit das Kupfer nicht anläuft, mit Essig putzen und danach mit Klarlack einsprühen

**Für diesen coolen Nachttisch benötigst du mindesten 5 Unterkonstruktionslatten à 2,10 m, welche du in 7 Teile zersägst. Die Sägekanten abschleifen, wie im Bild stapeln und mit der Heißklebepiste verbinden. Einfach eine LED-Lampe, die per Fernbedienung steuerbar ist, integrieren. Als Deckel verwendest du eine Plexiglasplatte à 32x 32 cm. Als Auflage für die Platte verwendest du transparente Gummiklebepunkte.**

Mit einer Glasplatte sieht es edler aus.

17

# NACHTTISCH

**Du willst deinen Lieblingsstuhl zum Lieblingsschaukelstuhl umfunktionieren? Nimm zwei Kanthölzer à 10 x 10 x 90 cm. Für den Schaukelbogen verwendest du eine lange Latte oder einen Meterstab, den du an einer Ecke der Kante von jemandem anhalten lässt. Dann legst du den Meterstab an der anderen Seite auch an. Du hast nun einen Radius, den du mit dem Bleistift nachfahren kannst. Säge diesen mit einer Stichsäge nach, die ein langes Sägeblatt hat. Mit einem Schleifgerät die Ecken abschleifen. Stelle nun den Stuhl auf die flache Seite des Kantholzes und markiere die Standfläche der Stuhlbeine. Diese werden 2 cm tief mit dem Forstnerbohrer entsprechend der Stuhlbeinbreite gebohrt.**

Natürlich kannst du auch die flache Seite der Holzkufen abrunden, hierzu musst du aber die gleiche Dicke einhalten, da das Holz sonst brechen könnte.

# 18

# VOLL VERSCHAUKELT

19

# WANDSTUHL

**Ideal ist ein alter Stuhl mit Lehne und Beinzwischenstreben. Drehe diesen um und bohre ca. 10 cm vom Stuhlbeinende je mittig ein Loch. Halte den Stuhl an die Wand und markiere hier die Bohrlöcher.**

---

Den Stuhl-Butler kannst du auch als stylishes Regal benutzen, nicht nur als Garderobe.

## 20

# FLOTTE KISTE

**Verwende zwei gleichgroße Wein- oder Dekokisten. Für die Seitenteile reichen vier Hölzer mit 5× 50 × 1 cm und die passenden Schrauben. Um die Seiten Hölzer zu befestigen einfach die zwei Kisten seitlich legen und die Hölzer anschrauben.**

---

Perfekt als Werkstattwagen oder Küchenhelfer.

# PAPIER-KORB

**Für diesen stylishen Müllschlucker einfach Zeitungsseiten in ca. 4 cm breite Streifen falten und wie in Kindergartenzeiten verweben. Die Enden zusammentackern oder kleben. Der Korb ist auch stabil genug, um leichte Gegenstände wie Wolle oder Stofftiere zu verstauen.**

---

Mit Zeitschriften wird der Papierkorb noch bunter.

# NOTIZEN

**AHA!**

Das Tolle an den selbst gestalteten Kleinmöbeln ist, dass diese auch wieder auseinandergebaut und neu gestaltet werden können. Nur du weißt, wie sie auszusehen haben, und du kannst dich ganz individuell entfalten.

**Du hast noch ein paar Handspiegel übrig oder siehst ein paar coole Exemplare auf dem Flohmarkt? Zusammen ergeben sie eine tolle Wanddeko!**

Mal was anderes als der übliche Kommodenspiegel.

22

Das Schöne an Deko ist, dass sie nicht nur zu bestimmten Zeiten und Anlässen geändert werden kann. Dekorieren tut gut, das ist wie Ausmisten. Es hebt die Stimmung und ist eine kleine Auszeit im Alltag.

Hier findest du viele Tipps und Hacks, wie du mit wenig Geld tolle Deko kreieren kannst.

# 23

# SCHERBEN BRINGEN GLÜCK

**Mal wieder eine Tasse kaputt gegangen? Kein Problem – die sieht gleich sogar noch schöner aus als vorher! Mit Kintsugi-Sets kannst du die Ränder zugleich vergolden und verkleben – und das Puzzlespiel macht auch noch Spaß! Achte darauf, dass nicht an den Schneideflächen oder Hautkontaktflächen geklebt werden muss.**

Hier zählt der richtige Kleber und das Ganze ist sogar wieder spülmaschinenfest.

# 24 DEKO, DIE ROCKT!

**Neue Deko gefällig? Nimm dir einen Rahmen, eine alte Kassette und etwas Draht und los geht's! Den Text kannst du auf Papier ausdrucken nachformen oder einfach so von Hand biegen. Die Spiralen werden galant über einen Stift gewickelt.**

Mit Heißkleber halten auch etwas schwerere Gegenstände.

# 25 HEILIGES BLECHLE

**Du hast noch ein rundes Backblech übrig und Lust auf eine neue Küchendeko? Nichts einfacher als das: Wenn du das Blech gut entfettest, hält jede Acrylfarbe darauf. Mit 3D-Stiften kannst du den Spruch noch mehr hervorheben.**

---

Backbleche sind magnetisch, du kannst also auch kleine nette Nachrichten daraufsetzen.

**Nostalgie trifft auf Heißklebepistole: Mit wenigen Schritten die Kassetten an den Seiten zusammenkleben und einen passenden Boden von unten ankleben. Pflanze rein, fertig!**

---

Eine Butterbrottüte zur Abdichtung ist sehr hilfreich.

# 26 NOSTALGIE-BLUMENTOPF

# 27 KUPFERBLICK

**Wie wär's mal mit einem stylishen Bilderrahmen? Die Kupferelemente brauchen nicht gelötet werden, hier reicht auch Flüssigkleber. Die Klebestellen sollten vorab mit Brennspiritus gereinigt werden.**

Ein kleines Geschenk nach einem Baumarktbesuch.

**Noch einen Lattenrost übrig? Einfach ausrollen und eventuell das Gewebeband auf der Rückseite mit kürzeren Abständen festtackern. Nun kannst du dich als Künstler schön ausleben.**

---

Beidseitig verwendbar.

# 28 ALLES LATTE?

29

# SEIL-UHR

**1** Dazu brauchst du: 30 m Tau, Plastiktopfuntersetzer, d= 66 cm, Heißkleber, Uhrwerk mit Batteriebetrieb, Riffern (vier Schrauben), Bohrer, 8er (Durchmesser vom Uhrwerk beachten), Brennspiritus, Papierküchentuch

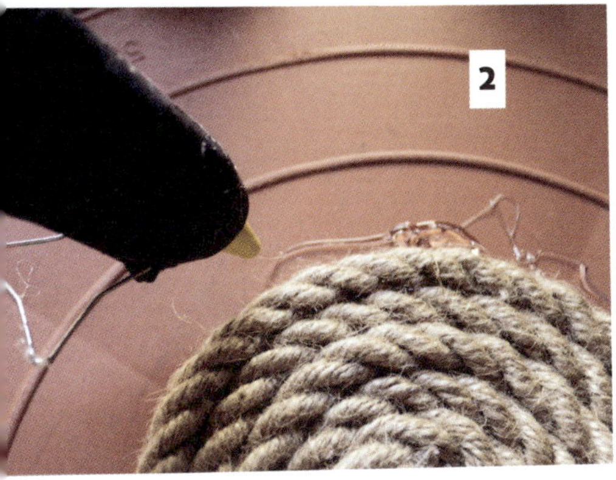


2 Das Plastik mit Brennspiritus abwischen. Seil ohne Knicke um den Mittelpunkt des Untersetzers legen und alle 10 cm festkleben.

3 Loch für Uhrwerk bohren.

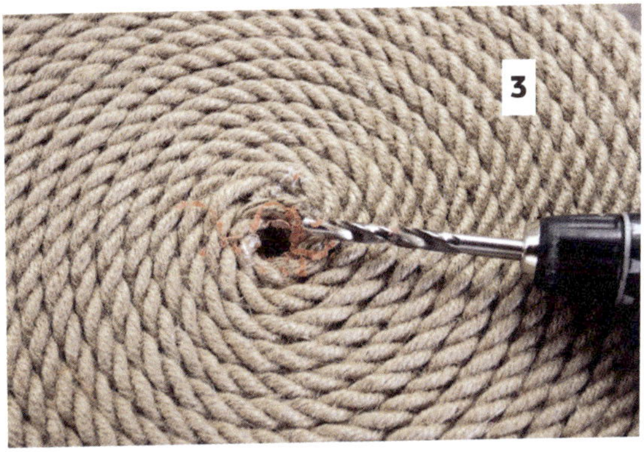

4 Uhrwerk an der Rückseite festkleben.

5 Zeiger zusammenstecken und nach Anleitung des Herstellers verschrauben. Batterie einbauen.

**Die perfekte Plattform für Memos, Notizen und Tickets: Nimm einen alten Bilderrahmen und tackere auf der Rückseite einen stabilen Faden im Zick-Zack fest.**

Hier passt einfach jeder Bilderrahmen.

30

# AUS DEM RAHMEN GEFALLEN!

31

# EYECATCHER AHOI!

**Du benutzt deinen Kühlschrank als Pinnwand? Sammle einfach Plastikdeckel von Babynahrung oder Shakes, die sind schön leicht. Mit einem kleinen Magnet auf der Rückseite ist dein Memohalter rasch fertig.**

---

Schneide die Fotos ganz knapp aus, dann musst du sie nicht in den Deckel kleben. Sie halten von alleine und können immer wieder ausgetauscht werden.

# 32 VASEN-FLASCHEN

**Du hast noch alte Flaschen? Einfach in Wasser einlegen und die Etiketten entfernen. Mit Kreppband oder Washitape verschiedene Stellen abkleben und mit Resten aus einer Sprühdose oder mit dem Pinsel mehrmals Farbe auftragen.**

---

Tape noch im feuchten Zustand abziehen, dann zerreißt dieses nicht und muss nicht unnötig abgedröselt werden.

# TEELICHTKRANZ

**er kennt es nicht: In der Wintersaison kom-
en viele Teelichter zum Einsatz. Sammle die
eren Hüllen und schneide sie einfach mit
ner spitzen kleinen Schere in Form.**

---

ie Teelichthülsen können als Blumen oder
terne geschnitten werden, je nach Jahreszeit.

34

# MEIN KLEINER GRÜNER KAKTUS ...

1

1 Dazu brauchst du: Brett 15 × 30 × 2 (Sockel), Brett 50 × 35 × 2 cm (Kakt ca. 30 Nägel, 3 cm lang, Hammer, Stichsäge, Seil in Natur, 1 cm dick, lang, Nägel, 1 cm lang, Schaumstof walze, Arcylfarbe hellgrün, optiona mittelgrün, Schere, Schleifpapier 120er-Körnung, Bohrmaschine und 4er Bohrer, 2 Schrauben, 3 cm lang Bleistift

2 Kaktus und Sockel auf das Holz aufzeichnen.

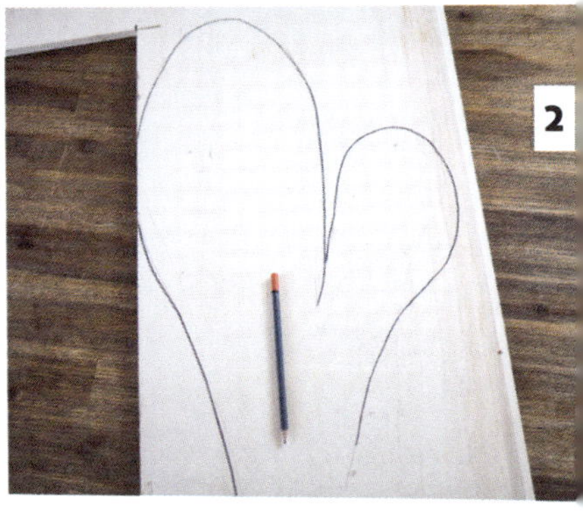

2

**3** Beides aussägen und Kanten leicht abschleifen.

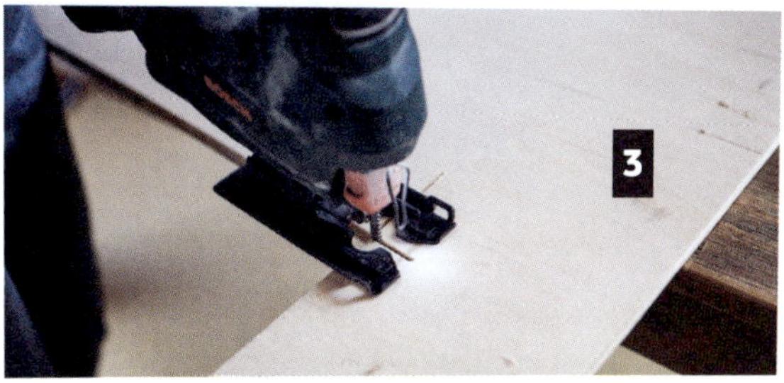

**4** Den Kaktus einfärben, auf Wunsch auch mit einer dunklen Farbe Akzente setzen.

**5** Kaktus auf Sockel stellen und die Standfläche markieren. Die Bohrlöcher bestimmen und mit den Schrauben festschrauben.

**6** Seil auf Kaktuslänge doppelt anpassen, an der Mitte knicken und oben am Kaktus anheften. Seile mit den kleinen Nägeln festnageln.

**7** Die großen Nägel als Stacheln einnageln.

# 35 DURCHGEBRANNT

**Mal wieder eine Glühbirne kaputt? Auch gut, mach einfach eine schicke Vase draus! Mit einer spitzen Zange kannst du am Gewinde gut den oberen Deckel aufschneiden und dann am Gewindekörper den Rand größer schneiden. Mit einem bunten Faden oder Draht aufhängen und Blumen hineingeben.**

---

Solltest du eine LED-Birne haben, dann stoß den Leuchtkörper mit einem Schraubendreher in die Große Glühbirne. Dann können die Scherben herausgeschüttelt werden.

# 36

# BAST DOCH

**Mit etwas Bast, Alleskleber und einem runden Spiegel kannst du einen tollen Spiegel zaubern, der sich überall gut macht!**

---

Sieht auch mit Makramee super aus – probier's doch mal aus!

37

# BIER-DECKEL

**Wer kennt es nicht: Nach einem Fest liegen überall noch Kronkorken herum. Etwas Heißkleber und stabile Klarsichtfolie und du hast einen stylishen Untersetzer! Verwende nur die flachen Deckel und kleb noch etwas Filz darunter, damit dein Tisch nicht zerkratzt.**

---

Je toller die Deckelmischung, umso schöner sieht es aus!

**Trockenblumen kannst du ganz einfach selbst machen: Ein Buch, ein Blatt Papier, damit der Pflanzensaft die Seiten nicht einfärbt, und schon kann die einfache Buchpresse in Aktion treten.**

In Epoxidharz gegossen, sehen die Trockenblumen als Briefbeschwerer oder Magnet auch klasse aus.

# 38 BLICKFANG

# 39
# AUF DRAHT!

**Nimm dir einen Draht und verwende verschieden dicke Stifte oder Stäbe, um die du den Draht wickeln kannst. Nach 2 cm mit der Spirale einen Kreis formen.**

Bunter Draht sieht auch sehr schön aus.

40

# ABER BITTE MIT SEIFE

**Einfach eine Flasche und einen Seifenspender-Aufsetzer – und es kann losgehen mit der Seifenoper! Letztere gibt es in allen erdenklichen Qualitäten und Farben. Und die gängigen haben auch ein Gewinde, welches auf 80 % aller Flaschenköpfe passt.**

---

Hier ist jede Flasche geeignet. Sie sollte nur nicht zu groß sein, um eine gewisse Standhaftigkeit zu behalten.

41

# WER HAT AN DER UHR GEDREHT?

**Uhrzeit gefällig? Nichts leichter als das: Nimm eine Obstkiste, die du mit Heißkleber fixierst. Lege die Bretter nebeneinander und zeichne die Palettenform auf. Säge diese dann passend zu. Mit zwei kleinen Hölzern als Strebe auf der Rückseite bekommt die Uhr Stabilität. Bohre nun noch ein passendes Loch für die Zeiger, und mit etwas Farbe sieht alles sehr kreativ aus.**

---

In irgendeiner Schublade findest du bestimmt noch eine alte Uhr mit Zeigern, die du zweckentfremden kannst.

**Noch eine Gabel übrig von einem alten Besteck-Set? Einfach umbiegen und ein Bild oder eine Postkarte dranlehnen. Versuche es zuerst mit den äußeren Zinken, dann geht es mit den inneren fast von selbst.**

---

Je billiger die Gabel, umso einfacher lässt sich das Material biegen.

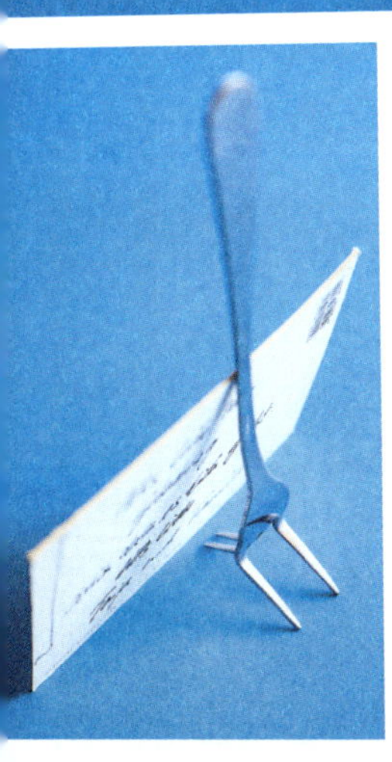

42

# GABEL-BILD

43

# BLUMENGRUSS

**Du hast noch einen alten Regenschirm übrig? Mit Trockenblumen oder Kunstblumen bestücken, ein Gummiband um das untere Drittel binden und mit einer Schleife versehen. Mit dem Stock an den Schrank oder an die Tür hängen.**

---

Du kannst auch frische Blumen verwenden, dann in den Schirm einfach eine dünne Flasche stellen.

Einen alten Basketball im oberen Drittel mit einem Cutter kuppen. Mit Zeitungspapier und Erde kann dieser leicht befüllt und bepflanzt werden. Die zwei Seile unter dem Ball leicht verweben und oben zusammenknoten.

---

Hier eignet sich eigentlich jeder größere Ball.

# 44 SPORTLICHE HÄNGEAMPEL

# NOTIZEN

**AHA!**

Es sind nur Kleinigkeiten, und schon hast du etwas Schönes und Neues zur Deko.
Nur mit einer Rolle Washi-Tape kannst du Schraubgläser in Bonbongläser verzaubern oder Flaschen in schmucke Vasen.
Mit einem wasserlöslichen Stift kannst du nette Botschaften auf einen Spiegel schreiben oder einen Gruß auf die Frühstückstasse, das lässt den Tag gut beginnen.

# NOTIZEN

# Schöner Wohnen

**Das Sofa ist ein wichtiger Mittelpunkt in deiner Wohnung. Wenn du dir ein neues anschaffst, solltest du darauf achten, dass es sich von Stil und Größe gut integriert, je nachdem, ob du es lieber dezent im Hintergrund oder als Blickfang im Raum haben möchtest. Bequem muss es natürlich auch sein!**

---

Große Sofas sind zwar bequemer, können den Raum aber sehr eng wirken lassen.

45

Schöner Wohnen, was heißt das eigentlich? Das ist Ansichtssache.
Bei mir heißt das: mit WENIG MEHR aus einem alten Küchenschrank oder einer gerade runterhängenden Gardine machen. Dein Küchenregal ist fade, und mit dem Pinsel bist du nicht so der Held? Es gibt inzwischen tolle Kraftpapiere oder stabile Geschenkpapiere, die du in Schabladen oder an die Rückwand kleben kannst. Diese sind oft sogar feucht abwischbar.

46

# 3D-REGALE

**Alte Profilbilderrahmen eignen sich hier am besten. Entweder hast du eine passende Zigarrenkiste oder ähnliches oder du bastelst mit Nägeln und kleinen Brettern einen Zweitrahmen, den du an die Rückseite des Bilderrahmens von der Vorderseite her annagelst.**

Mit etwas peppiger Farbe sind das richtige Hingucker. Je nach Größe des Rahmens passen Bücher hinein oder kleine Dekoartikel.

**Du willst dein Küchenregal oder deinen Schrank aufpeppen? Einfach mit buntem Papier auslegen! Mit doppelseitigem Klebeband wird das Ganze befestigt.**

Am besten eignet sich bedrucktes Kraftpapier, das ist stabiler und kann gut auch feucht abgewischt werden.

# 47 NEUER LOOK

48

# FRISCHEBAD

**Mit nur ein paar einfachen Kniffen kannst du dein Bad richtig schön gestalten. Wie wäre es mit einer ruhigen Wandfarbe, ein bisschen Deko und passenden Möbeln?**

Ein aufgeräumtes Bad ohne viel Kleinkram wirkt gleich viel einladender.

49

# NATUR IM BAD

**Du hast einen tollen Ast gefunden und willst ihn als Deko nutzen? Wie wär's mit einem coolen Klorollenhalter? Entferne die Rinde und dusche den Ast ab. Leg ihn an die Heizung, sodass er richtig durchtrocknet, und schleife ihn danach mit feinem Schleifpapier glatt. Verwende als Sockel ein Brett, das fast so groß wie die Astausladung ist. Begradige den Ast und schraube ihn mit einer langen Schraube von unten fest.**

Dieser Helfer kann auch sehr gut für Ketten oder Schals genutzt werden.

Sicherlich hast du noch alte Bücher mit Papiereinband, die kannst du für diese Attrappe gut verwenden. Die Buchrücken sollten auf der Rückseite zusammengeheftet werden, damit die Buchrücken optisch mehr hergeben. Die zwei äußeren Papierbuchrücken nur von einer Seite abschneiden, damit diese die Kiste verdecken bzw. daran festgeklebt werden können.

Mit einer schönen Holzkiste ist das Ganze noch wertiger.

# 50 GUT GEGEN KABELSALAT

**Die erdigen Farben aus den 70er Jahren sind nicht jedem sein Geschmack. Steingut lässt sich gut mit matter Acrylfarbe anmalen.**

Wenn die erste Farbe getrocknet ist, kannst du mit einem trockenen, borstigen Pinsel mit einer helleren Farbe leicht über bestimmte Stellen streichen, dann entsteht ein gebürsteter Touch.

# 51 STEIN-GUT

**Ein altes Möbelstück kannst du schnell und easy mit neuen Griffen aufpeppen. Oft passen schon die vorgebohrten Löcher.**

Hier eignen sich Keramikknäufe, geknotete Griffe, Lederriemen oder gar ein alter Kinderschuh.

52

# TÜRCHEN ÖFFNE DICH

# 53

# SAG'S DURCH DIE BLUME

**Papierblumen sind auch ein toller Blickfang und gar nicht so schwer. Es gibt DIY-Anleitungen für fast jede Blumenart oder Blütenzweige, die wie echt aussehen.**

Nachhaltig ist es außerdem – hält auch ohne Wasser ewig.

**Dein Schlafzimmer kannst du ganz einfach umgestalten, ohne groß Mök umstellen oder gar ein neues Bett anschaffen zu müssen!**

1 **Wie wärs mit ein bisschen Vintage-Stil? Sanft verspielt und gemütlich perfekt für Tag- und Nachtträumer.**

54

# DECKCHEN WECHSEL DICH

1

2 **Warme Farben und Muster sind auch gemütlich. Die Decke passt auch gut zu kalten Winternächten.**

3 **Schlicht und trotzdem schön: So können auch zwei Personen mit unterschiedlichen Geschmäckern auf einen gemeinsamen Nenner kommen. Diese Decke wirkt auch kühl an heißen Sommernächten.**

**Dein alter Stuhl gefällt dir noch, ist aber etwas ramponiert? Einfach anstreichen, dann wird er wie neu! Je nach Farbe kannst du ganz unterschiedliche Akzente setzen.**

Weiß geht auch immer – du wirst dich wundern, wieviel das ausmachen kann.

55

# NEUER LOOK

# 56 VORHANGHALTER

**Vorhänge kann man gut drapieren, sodass es luftiger im Raum wird. Verwende doch mal einen Schal oder einen Gürtel, das sieht direkt stylish aus.**

---

Oder wie wäre es mit Omas Serviettenring?

# 57 MINI-KOMMODE

**Du hast ein oder zwei Schubladen übrig? Mit passenden Unterteilungen kannst du daraus eine Kommode machen. Ob quer oder hochkant, das kommt darauf an, was reinsoll.**

---

Mit Kommodenfüßen bekommt das Ganze noch mehr Pep.

# 58 RÜCKENLEHNE

**Du hast keine Rückenlehne und willst trotzdem gemütlich im Bett lesen? Mit alten Gürteln kannst du ganz einfach ein langes Kissen anbringen.**

---

Die Höhe kannst du so auch variieren.

Du bist deines Sofas überdrüssig oder es hat mit der Zeit Flecken bekommen, die nicht mehr rausgehen? Mit einem Überwurf kannst du hier viel variieren. Dabei wirkt nicht nur dein Sofa wie neu, sondern der ganze Raum verändert sich durch die hellere oder dunklere Farbgestaltung.

1 Mit einem Muster kommt Leben in den Raum. Die Farben sind trotzdem gemütlich-subtil.

59

# EIN SOFA – 3 LOOKS

1

2 **Helle Decken lassen das Zimmer größer und freundlicher wirken. So hat man mehr Spielraum mit der Deko, wie ein tolles Bild an der Wand.**

3 **Kräftige Farbtöne lenken den Blick aufs Sofa und lassen dann im Nachhinein den Raum wirken.**

**Du willst deine alte Kommode wieder trendy machen? Dann nimm einfach etwas Wiener Geflecht und nagle oder klebe es vorne auf die Schranktür. Fertig ist das Trendteil!**

Du findest nicht die gleiche Farbe? Mit einem leicht abgeänderten Farbton sieht es nochmals besser aus.

60

# WIE NEU

61

# SPROSSENBILD

s einem alten
rossenfenster kannst du
htig tolle Deko machen!
in abschleifen und mit
nem Trockenblumenkranz
koriert aufhängen oder
fstellen.

acht sich auch vor dem
aus sehr schön.

Der Boden hat auch einen großen Einfluss auf die Stimmung im Raum. Man kann ihn verstecken oder betonen und in manchen Bereichen mit Elementen wie Teppichen, Vorlegern oder Kacheln spielen.

1 Ein Teppich im Wohn- oder Essbereich wirkt gemütlich, ohne zu erdrücken. Er darf aber weder zu groß noch zu klein sein Ein runder Teppich ist ein dynamisches Element, das besonders harmonisch wirkt, wenn es zB in der Lampe oder in einem runden Spiegel wieder aufgegriffen wird.

1

# 62 BODEN LOS

2

2 Parkett gibt es in vielen Varianten, z.B. als Fischgrät, Mosaik oder gerade verlegt. Laminat kann ein günstiger Ersatz sein, wenn es schön gearbeitet ist. Ohne Teppich wirkt der Raum offener und luftiger.

3 Wer einen Dielenboden hat, braucht diesen nicht zu verstecken. Das Holz selbst sorgt für Gemütlichkeit im Landhausstil.

4 Fliesen wirken eher kühl, aber auch aufgeräumt, was gerade im Sommer angenehm ist. Unifarben bringen sie Ruhe ins Zimmer, geometrisch gemustert werden sie zum Blickfang.

**Mit integrierter Beleuchtung kannst du tolle Akzente setzen und die Stimmung verändern. Ob im Küchenschrank mit Glasvitrine oder im Bücherregal in der dunklen Ecke – der Raum wirkt sofort offener und größer.**

LED-Strips gibt es überall zu kaufen, man kann sie einfach ankleben.

63

# ERLEUCHTUNG

64

# LANG ODER KURZ

**Zu lange Vorhänge lassen deine Wohnung unordentlich wirken und sind wahre Staubfänger. Zu kurze Vorhänge machen den Raum optisch kleiner. Schau am besten, dass dein Vorhang kurz über dem Boden schwebt.**

Alternativ kannst du natürlich auch mit Rollos oder Schiebesystemen arbeiten.

65

# TAPETENWECHSEL

**Wie wäre es mal mit einer tollen Motivtapete? Die kann ein toller Blickfang sein! Nur die Deko kannst du dann natürlich nicht mehr ganz so frei variieren. Oft reicht eine Wand, dann ist es auch günstiger und du kannst eher mal ein neues Muster ausprobieren.**

---

Gibt es auch in 3D-Backsteinwand-Optik für den rustikalen Look!

Du willst eine Pflanze in Szene setzen? Säge einfach drei Holzbeine in der gleichen Höhe und an den Enden abgeschrägt zu und klebe diese mit Heißkleber an einen Blumentopf.

---

Ein Plastikblumentopf ist dafür am besten geeignet.

66

# BLUMENTOPF

Du brauchst eine Veränderung? Dann sind Kissen die einfachste und günstigste Variante, dein Sofa wieder flott zu bekommen. Ich tausche oft mit einer Freundin die Kissen, dann wird es noch günstiger und man bleibt in Kontakt.

---

**1** Du brauchst Ruhe/Ordnung im Raum, aber nicht so ganz schlicht? Dann behilf dir mit einer peppigen Farbe. Dezente Pünktchen lockern das Ganze auf.

67

# MUSTERMIX

1

2 Ein goldener Akzent ist nicht nur zu Weihnachten schön. Die Muster ergänzen sich dabei.

3 Pastellfarben in grafischen Mustern sind ein Blickfang, ohne dabei dominant zu wirken.

4 Zwei verschiedene Motive, aber mit Farben, die sich im Mobiliar wiederfinden, sind aktuell voll im Trend! Und der Botanical Look geht immer.

# NOTIZEN

**AHA!**

Versuch es doch mal: Du befestigst einen Vorhang über dem Fensterrahmen oder auf Deckenoberkante. Bemerkst du den Unterschied?
Je länger bzw. je höher der Vorhang hängt, umso höher und offener wirkt der Raum.
Kleine Räume gewinnen an Weite, wenn nur 1–2 Wände in hellen Farben angestrichen sind. Dunkle Farben lassen den Raum kleiner wirken. Dagegen lassen ein großer Teppich oder große Fliesen einen Raum größer wirken.

# NOTIZEN

# Es werde Licht

**Lampen machen mehr aus, als du denkst! Wie wäre es mit einer stylishen Hängelampe, die du mit Tennisbällen beklebst?**

Der Bubble-Effekt macht richtig was her und günstig ist es auch.

68

Mit Lampen und Licht kann man unglaublich stark verändern, wie ein Raum wirkt: groß, klein, gemütlich, einladend oder eher funktional oder gar ungemütlich.
Durch indirektes Licht kann man einen Raum größer wirken lassen. Wenn vermieden wird, dass Schatten auf Decken und Wände fallen, dann entsteht eine Weite. Dies geht hervorragend durch LED-Strips oder -Spots.
Durch verschiedene Arten von Lampen können auch Bereiche und Ecken in einem Raum entstehen. Die gemütliche Leseecke mit einer Stehlampe am Sessel gibt eher gemütliches Licht, während der Essbereich etwas heller ausgeleuchtet wird.

# 69 LICHTBLICK

**Nicht jeder hat eine Fensterbank, um sie mit Pflanzen vollzustellen. Nimm dir einfach einen schönen langen Ast, umwickle ihn mit einer LED-Lichterkette und setze noch ein paar künstliche Pflanzen obendrauf – fertig ist deine grüne Lampe! Bevor du die Pflanzen an den Ast hängst, hänge diesen erst einmal an die Decke und richte ihn aus.**

Für die richtige Stimmung kann auch ein Teelicht angehängt werden.

**Ein altes Brett oder ein flaches Brennholz dienen hier als Halterung. Die Kanten des Holzes mit etwas schwarzer Farbe leicht überstreifen, sodass diese eingefärbt werden. Eine Kelle mit einer Öse anschrauben.**

---

Verwende ein Teelicht mit Timerfunktion.

70

# LICHT SCHÖPFEN!

71

# GITTERKERZEN

**Was man Tolles aus Schneebesen machen kann, erfährst du hier: Wenn deine Schneebesen keine Öse haben, wickle mit einem schönen Faden mehrmals um den Griff und klebe diesen mit Heißkleber fest. Beachte, dass du noch eine Schlaufe anklebst.**

Hier kommst du gut mit einem Streichholz hin, daher lass es doch echte Kerzen sein.

Egal was du als Schirm verwendest, du musst ein ca. 4 cm großes Loch für die Glühbirne in den Boden schneiden. Verwende am besten eine gekaufte Lampenfassung, falls notwendig gleich mit integriertem Schalter. Die Glühbirne sollte nicht so viel Wärme produzieren, daher ist es besser, eine LED-Birne zu verwenden.

Hier kannst du einen Papierkorb oder einen Blumenüberzieher verwenden.

72

# LAMPEN-KORB

**Für diesen tollen Effekt nimmst du eine Gießkanne und eine LED-Lichterkette mit Micro-Draht, batteriebetrieben und mit warmem Licht. Den Draht kann man an Pflanzen anhängen, damit der Gießstrahl mehr Volumen erhält.**

Lichterketten gibt es mit verschiedenen Lichtfarbtönen.

73

# WIE HINGEGOSSEN

74

# DSCHUNGELFIEBER

**· diese tolle Leucht-
ddeko einfach je ein
rgamentpapier anmalen
er bedrucken. Die LED-
hterkette wird hinter
m Transparent mit
safilm festgeklebt, dann
gt die Rückwand. Den
halter außen anbringen.**

ese Bilderrahmen können
uch mit einem anderen
otiv ein schönes Nacht-
cht im Kinderzimmer sein.

# 75 KUPFERLICHT

**Nimm zwei Tetrapacks und halbiere diese der Länge nach. Schneide je an einem Ende die Seite weg. Nun stecke die Packs ineinander und bestimme selber die Größe bzw. die Anzahl deiner Kerzen. Lege die Form nun mit einer Folie aus, diese kann ruhig knittern, das sieht später im Beton klasse aus. Mische für ca. 1 l Kreativbeton an und fülle diesen hinein. Wenn dieser etwas fester geworden ist, platziere die Kupferverbindungen, sodass diese gleichmäßig herausschauen.**

---

Nach dem Durchtrocknen je nach Wunsch zweimal satt Kupferfarbe auftragen.

# 76 NACHTLICHT

**Für diese Lampe musst du in die Schallplatte mit dem Fosterbohrer ein entsprechendes Loch bohren, damit die Birnenfassung gut durchgeführt werden kann und auch noch etwas am oberen Rand aufliegt. Ein warmer Lichtton eignet sich hervorragend als Nachtlicht.**

---

Nimm einen länglichen Glaskörper, so bist du auf der sicheren Seite mit LED und langem Glashals, sodass die Platte keinen Schaden durch die Hitze bekommt.

Dein Schlafzimmer ist ein wichtiger Rückzugsort. Dabei macht die Beleuchtung viel aus.

**1** Mit klassischen Nachttischlampen bekommst du punktuelles Licht und einen symmetrischen Schlafzimmer-Look.

77

# SCHLUMMERLICHT

**2** Mit einer schicken Leiste an der Wand kreierst du gemütliches indirektes Licht.

**3** Du kannst dein Bett auch von unten beleuchten, z.B. mit LED-Stripes.

4 **Lichterketten kreieren auch eine sehr gemütliche Stimmung, vor allem in Warmweiß.**

5 **Mit Laternen und anderen Leuchtdeko-Elementen kannst du im Handumdrehen einen schicken Boho-Look zaubern.**

**Eine Stehlampe ist natürlich auch eine Lösung, das wirkt ggf. dynamischer und moderner als zwei symmetrische Nachttischlampen.**

7 **Hängelampen gibt es wie Sand am Meer. Möchtest du lieber einen Blickfang oder etwas Dezentes? Kuschelige Federn, natürlicher Bast oder Urban Style? Du entscheidest.**

**Du hast noch eine Wand frei? Wie wär's mit einem Gazellenkopf? Säge mit einem feinen Sägeblatt eine Gazellenkopfform aus. Die Sägekanten leicht abschleifen und danach entstauben. Mit einer Schaumstoffwalze einfärben. Verwende eine fertige Glühbirnenfassung, am besten gleich mit einem integrierten Schalter.**

Eine Glühbirne mit Metalleinfärbung im Glas ist nochmals ein Eyecatcher.

# 78 GAZELLE IM HAUS

**Ein Regal oder Sideboard mit Wow-Effekt kannst du ganz schnell selbst bauen: Staple ein paar Flaschenbausteine und beleuchte diese mit Teelichtern mit Timerfunktion. So musst du nicht immer jede Lampe einzeln an- und ausmachen.**

Hier kannst du auch Hohlbausteine verwenden.

# 79 STEIN AUF STEIN

**Nimm ein großes Glas und rolle es über den Kanninchendraht. Mit dem Seitenschneider den Draht passend zuschneiden. Nun kannst du den Draht um das Glas wickeln und die Drahtenden miteinander mit einer Zange zusammendrehen.**

---

Ein schönes Band gibt dem Windlicht immer wieder eine neue Note.

80

# DRAHTIGES WINDLICHT

81

# SKATEBOARD-LAMPE

**Verwende flache LED-Lampenfassungen mit schon integriertem Schalter. So kannst du sicher sein, dass das Board bei der Wandmontage nah genug an der Wand ist.**

---

Jedes Board sieht auf der Unterseite interessant aus, vor allem wenn es schon viel auf der Straße war.

82

# FEDERBALL-LICHTERKETTE

**Bohre jeden Kork von vorne nach innen mit einem 4 mm-Bohrer durch. Stecke nun je eine LED- Glühbirne in einen Federball. Du brauchst mindestens 12, damit es nach etwas aussieht.**

---

Verwende eine LED-Lichterkette mit Fernbedienung, dann kannst du die Farbtöne verändern.

# WIENER GEFLECHT

ım das Glas und rolle es über das Wiener
flecht. Wenn es komplett abgedeckt
ırde und einen Zentimeter überlappt,
ıneide es mit der Schere passend zu.
ın kannst du das Geflecht um das Glas
ckeln. Die Enden überlappen lassen und
it doppelseitigem Klebeband verbinden.

ähle ein Glas aus deinem Küchenschrank,
das eine Kerze passt.

Licht beeinflusst die Stimmung in deinem Raum. Es liegt an dir, ob du lieber eine kühle Atmosphäre oder eine gemütliche Stimmung erzeugen willst. Von Warmweiß bis Kaltweiß gibt es viele Abstufungen.

1 Hier wirkt das Schlafzimmer durch das kalte Licht eher kühl und klar.

84

# WARM ODER KALT?

2 Das warme Licht erschafft eine heimelige Atmosphäre.

3 **Dieses Licht ist weder richtig warm noch sehr kühl. Die Stimmung wird auch durch die dunkle Wand beeinflusst.**

4 **Hier herrscht warmes Licht vor und taucht den ganzen Raum in goldene Strahlen.**

**Durch die Deckenspots in kaltem Weiß und die farbigen LEDs wirkt dieses Licht kühl und modern.**

6 **Die Spots in Kombination mit den Hängelampen verbreiten ein angenehmes, aber klares Licht, ideal für die Küche zum Arbeiten und Wohlfühlen.**

85

# DOSENKERZEN

**Male die Dosen in deiner Lieblingsfarbe an. Nach der Trocknung legst du eine Schablone auf, z. B. Fliesenmuster, und tupfst mit einer weiteren Farbe die Schablone aus. Abziehen und das Ganze trocknen lassen.**

---

Ich stelle die Kerze immer auf die offene Dosenseite. Falls die Kerze mal abbrennt und ich sie nicht beaufsichtige, fällt sie einfach in die Dose.

# 86 FAHRRADLICHT

**Fahrrad kaputt? Rette auf jeden Fall die Felge und fädele durch die Speichen eine LED-Lichterkette.**

---

Du kannst die Leuchtfelge auch draußen in einen Baum hängen.

1

# 87 LICHTERKETTEN

Lichterketten setzen kleine Akzente und machen eine gemütliche Stimmung. Es gibt sie in Warmweiß und Kaltweiß oder auch in Bunt. Im Wohnzimmer und Schlafzimmer sind eher das sanfte Warmweiß und in der Küche das Kaltweiß der Trend.

1 Kleine Glühbirnen mit neutraler transparenter Kette intergieren sich überall. Es gibt sie in allen Längen und Farbtönen.

2 Motiv-Lichterketten mit dezenten Sternen oder anderen Formen gehen immer und sind ein dezenter Blickfang, ohne aufzutragen.

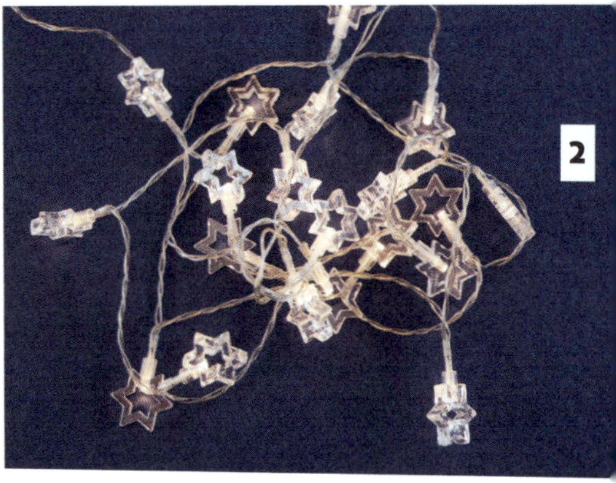

2

3

Passend zur dunklen Jahreszeit eine einfache Deko, die es weihnachten lässt und das Herz erhellt: Drahtformen mit Lichterketten gibt es in allen Formen.

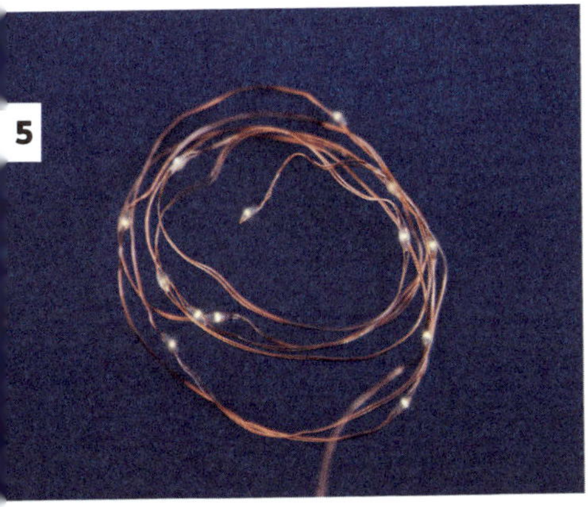

5

Bunte Lichterketten sind vereinzelt auch eine schöne Deko. Auf der Sommerparty oder im Kinderzimmer machen sie sich auch gut.

**3** Lichterketten in Glühbirnen-Optik sieht man gerade überall. Damit kannst du deinen Balkon oder die Wohnzimmerwand erleuchten, ohne dass es kitschig wirkt.

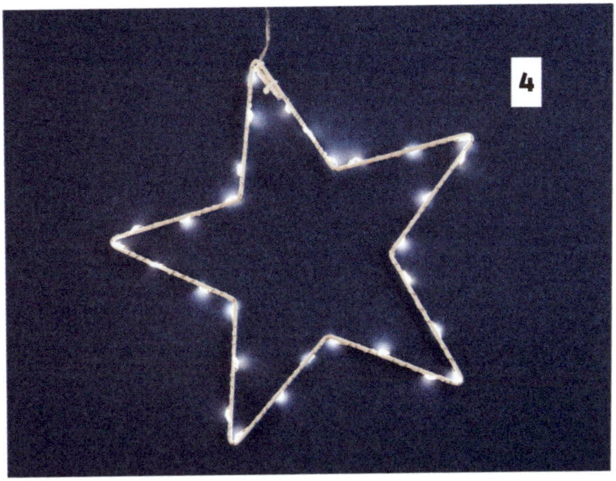

4

**5** Mini-LED-Drähte eignen sich super, um damit leere Flaschen als Tischleuchtdeko zu befüllen oder um sie um etwas herumzuwickeln, z. B. Dekobuchstaben, Kränze oder Sterne aus Naturmaterial.

6

# KÜCHENREIBEN-HIT

**Streiche ein Brett mit mindestens 15 cm Breite und 60 cm Länge schwarz von beiden Seiten. Dann werden drei 10er-Löcher verteilt gebohrt, um die Kabel durchzuführen. Bestimme gedanklich, wie hoch deine Lampe hängen soll, und schneide passend Seil fürs Aufhängen ab.**

---

Die Reiben werden mit einfachen Baustellenfassungen und Glühbirnen bestückt. Das Kabel wird einmal um den Reibengriff gewickelt und dann durch das Loch im Holzbrett geführt. Danach werden alle drei Kabel und das zusätzliche Stromkabel mit Lüsterklemmen verbunden.

89

# PLANETENLAMPE

**Färbe einen Keilrahmen à 120 × 90 cm in Dunkelblau ein. Mit Ohrenstäbchen malst du mit fluoreszierender Farbe in Gelb Punkte auf die Leinwand. Forme mit einem Draht einen Planeten, diesen kannst du zum Schluss mit einer LED-Lichterkette umwickeln. Du kannst alles mit Kabelbindern und einem Schlitz in der Leinwand zusammenmontieren oder den Planeten einfach mit einem Faden vor die Leinwand hängen.**

---

Ist ein tolles Nachtlicht für Kinder und tagsüber lädt die Farbe sich auf.

**Jede Lampe hat ihre Berechtigung und ist oft typisch für einen bestimmten Raum.**

1

### 1 Deckenlampe

Deckenlampen sind in fast jedem Raum vorhanden und man findet sie meist mit dem typischen Lichtschalter an der Tür. Dies ist das Basislicht eines Raumes und reicht oft auch aus, je nach Leuchtkörper. Wenn man lieber indirektes Licht hat, kann man aber auch darauf verzichten und stattdessen eine Steh- oder Tischlampe verwenden.

# 90 LAMPEN ÜBER LAMPEN

2

### 2 Nachttischlampe

Es gibt Streit, wenn der eine auf s
Bettseite eine hat und der ander
nicht. Sie sollte immer vorhanden
sein in einem Schlafzimmer. Ob m
schwachem Licht zum entspannt
Aufwachen oder zum Lesen.

### Stehlampe

e Stehlampe kann aus einem Raum zwei
ume machen. Als Deckenfluter oder als
nütliche Lese- und Fernsehecke.

### 3 Tischlampe

Tischlampen dienen meist als Notlicht am Abend oder um Akzente zu setzen. Dadurch wirkt ein Raum gemütlicher.

### 5 Hängelampe

Hängelampen setzen Akzente in Ecken und nehmen keinen Stellplatz weg. Sie sind z. B. in der Küche oder über dem Esstisch praktisch und schön zugleich.

# NOTIZEN

**AHA!**

Der Mensch braucht Licht, und nicht nur zum Sehen! Das Immunsystem wird beeinflusst, genauso wie der Tag- und Nachtrhythmus. So wirkt Licht aktivierend, hebt und senkt die Stimmung. Den Tag in einem Raum zu starten, der mit einem Blauanteil im Licht erleuchtet wird, aktiviert z. B. unser Herzkreislaufsystem und unser Gehirn startet klarer. Wir kommunizieren mehr.

# NOTIZEN

# All OUTDOOR

**Du hast noch eine alte Hängematte herumliegen? Nichts wie raus damit! Mit einer schicken Makrameeborte bist du voll im Trend.**

Zum Befestigen kannst du ein Gestell kaufen, wenn du keine Bäume im Garten hast.

Im Sommer ist der Garten oder der Balkon das neue Wohnzimmer! Aber auch im Winter lassen sich draußen tolle Sachen machen.
Ob du einfach deinen Feierabend gemütlich auf der Terrasse verbringen möchtest, mit Freunden auf dem Balkon feierst oder am Sonntag im Garten chillst – auch im Außenbereich gibt es viele tolle DIYs, die du im Handumdrehen und ohne viel Geld umsetzen kannst.

# 92
# OUTDOOR-OASE

**Es muss nicht immer das perfekte Hochbeet aus dem Katalog sein. Du kannst dir ganz einfach eine Blumen- oder Gemüseoase oder sogar ein kleines Biotop aus einem alten Waschzuber oder einer Badewanne zaubern.**

Falls du nur einen Balkon mit wenig Platz hast: Ein Zinkeimer tut es auch!

**Für einfache Kräuterfähnchen kannst du ein Blech aus einer Getränkedose mit der Schere ausschneiden oder ein Blechband verwenden. Mit Hammer und Stanzbuchstaben den Wunschtext einstanzen. Dann das Blech einknicken und im Inneren Heißkleber und einen dicken Schaschlikspieß eindrücken.**

---

Vorsicht, die Kanten können scharf sein.

# 93 GESCHMACKSSACHE

# 94

# HOLLYWOOD-SCHAUKEL

**Gemütlich im Garten abhängen? Nichts leichter als das! Nimm einfach zwei Bretter à 50 × 120 cm. Säge eine Kerbe in das Sitzholz an der hinteren Kante. Bohre vorne an der Sitzfläche je links und rechts ein Loch, um das Seil durchzufädeln. Die Lehne bekommt an der Rückseite noch zwei Leisten aufgeschraubt, die mit ca. 15 cm unten überstehen. Die Rückenlehne wird noch mit Seilösen zur Führung des Seiles unterstützt.**

Nun fehlt nur noch der stabile Ast!

# 95 STRENG GEHEIM!

**Du hast ein Vogelhäuschen? Dann kannst du daraus einen Geheimort für deinen Schlüssel machen! Boden heraustrennen und von der Seite einen Nagel in die Seitenwand und den Boden einnageln. Damit der Schlüssel nicht herausfällt, sollte er mit einer Klammer befestigt werden. Den Boden schließen und von außen einen Nagel leicht einschlagen und um 90 Grad verbiegen.**

So kann mit einer Drehung am Nagel der Boden geöffnet werden.

# 96

# BIENENALARM

**Gartendeko gefällig? Male einfach eine Dose in schwarzen und gelben Streifen an. Mit einem weißen und schwarzen Acrylstift kannst du danach das Gesicht aufmalen. Nimm als Fühler Pfeifenputzer und Draht für die Flügel. Den 5 mm starken Stab kannst du auch mit dem Heißkleber befestigen.**

In das Innere passen gut Stroh oder Stöcke. Die Insekten danken es dir.

# 97 VOGEL-FASTFOOD

**Bohre in den Boden der Flasche ein kleines Loch, durch das du den Draht doppelt ziehen kannst, damit oben noch eine Schlaufe übrig bleibt. Der Plastikdeckel der Flasche wird mit zwei Löchern versehen, ebenso der zusätzliche Deckel. Fädle diese wie auf dem Foto nach der Reihe auf den Draht, verzwirbel diesen im Deckel der Flasche und schließe den Flaschenverschlusss, sodass der Draht nicht zu sehen ist. Zwischen Deckel und Flaschenhals muss noch ein Abstandhalter, damit die Körner immer schön durchrutschen können.**

---

Eine schnelle Alternative zu einem teuren Vogelhaus.

98

# VOLL VERSCHAUKELT

**Das Skateboard sieht nicht mehr cool aus? Stabil genug für eine Schaukel ist es immer noch. Einfach mit zwei dicken Seilen am Baum befestigen, bevorzugt ein Bergsteigerseil, da es noch einen zweiten Seilinnenkern hat und sicherer ist. Möchtest du auf Nummer sicher gehen, dann feile 1 cm kleine Einkerbungen in den Rand, an dem das Seil anliegt. So kann es garantiert nicht verrutschen.**

---

Das Seil sollte wetterfest sein.

**Du hast noch eine Palette übrig? Mach dir daraus doch einfach eine vertikale Kräuterwand! Schraub an der Unterseite ein Brett an und lege in den dadurch entstandenen Blumenkasten eine Folie. Nun kannst du dir leckere Kräuter oder Erdbeeren ziehen.**

Mit Acrylstiften werden dann die Pflanzennamen aufgeschrieben.

# 99 KRÄUTERGARTEN

Ob als Frühstückstisch oder Wäscheständer, der Kleine macht immer eine gute Figur. Der Tisch sollte überdacht stehen.

# 100 WÄSCHETISCH

1

**1** Du brauchst:
2 Bretter à 57 × 75 × 1,5 cm, id
lerweise mit umleimter Kant
2 Bretter à 5,5 × 75 × ,5 cm, H
dübel, Holzbohrer, Holzleim,
Akkuschrauber/-bohrer, 1 Pa
Tischbeine 870 × 72 cm mit
Befestigungsschrauben, IKE
PAX 75-iger Hosenbügelausz
Bleistift, Schraubzwingen

**2** An der schmalen Seite der großen Bretter mit der Fräse einen Schlitz fräsen. Den Schlitz entsprechend an den kleinen Brettern in der Auflagefläche wiederholen.

2

Lege das Hosengitter mit seinen dazugehörigen Scharnieren in den Zwischenraum und richte es passend aus.

Bohre die entsprechenden Löcher und schraube die Scharniere an die jeweiligen Innenseiten. Lege das Gestell in die Halterungen ein.

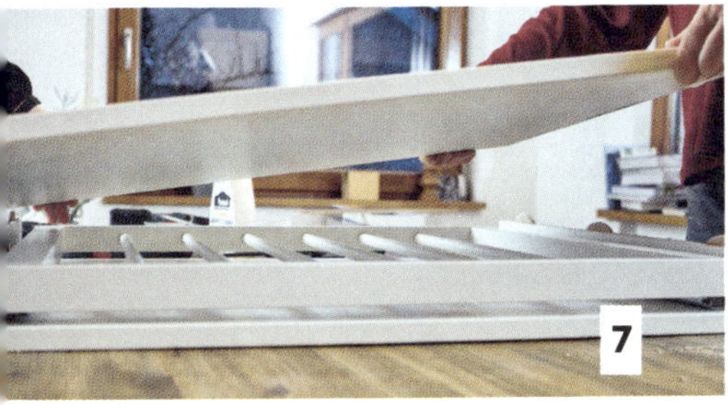


Mit Schraubzwingen das frisch geleimte Brett für die Trocknungszeit des Leims zusammendrücken. Montiere nun die Tischbeine an.

**3** Holzleim in die Schlitze geben und Lamellos einlegen. Das große Holzbrett mit zwei schmalen Seitenteilen zusammenfügen.

**5** Zeichne die Bohrlöcher für die Scharniere an.

**7** Versieh die zwei übrigen Schlitze mit Holzleim und lege das große Brett auf.

**Alte Weinkisten eignen sich für so viel. Hier sind sie zum Gartenregal umfunktioniert.**

Passt super in eine kleine Sitzecke.

# 101 GARTENREGAL

# 102 LIEBLINGSPLATZ

**Für eine stylishe Außendeko mit Wohlfühlgarantie: Drei Siebdruckplatten dienen hier als Blumenkasten. Tolles Familienprojekt: Einer schreibt, einer sägt, und zusammen werden die Bretter aneinandergeschraubt.**

---

Mit Outdoor-LEDS sieht es bestimmt mega aus!

**Fußabtreter mal anders gewünscht? Schreibe auf einem großen Papierbogen einen Text in breiten Lettern. Mit einem Cutter ausschneiden. Das Papier wird auf der Kokosmatte platziert und mit Kreppband fixiert. Tupfe dann die Acrylarbe mit einem Schwamm auf. Es ist sinnvoll, diesen Vorgang nach dem Trocknen mehrmals zu wiederholen.**

---

Du kannst so natürlich jeden Spruch auf deine Kokos-Fußmatte schreiben.

# 103 FÜR DIE FÜSSE

# 104
# PILZ-KORKEN

**r eignen sich Sektkorken am besten. Form gibt schon den Pilz vor. Die ßen Punkte bekommst du mit der kseite des Pinselstils hin, indem du sen in weiße Farbe tunkst.**

---

kannst auch mit 2–3 schwarzen ichen aus dem Pilz einen Marienkäfer ubern.

# 105 OUTDOORTEPPICH

**Du hast Fassadenfarbe übrig? Diese ist UV-, wetter- und wasserbeständig. Einen gewissen Abrieb übersteht sie auch. Mit einer Walze kannst du so einen alten Betonboden oder Retrofliesen einfach übermalen. Die Teppichfransen kannst du mit einem Rundpinsel aufmalen.**

Das geht natürlich auch in Bunt.

# 106 BLUMENKISTE

**Streiche eine Wein- oder Dekokiste mit einer wetterbeständigen Farbe an. Für die Hochbeetbeine säge vier gleich lange Stücke von einem Brett oder einem Kantholz. Schräge diese an, sodass es die Form eines Trapezes hat. Die Beine von Innen an der Kiste anschrauben. Mit Hochbeetfolie oder einem Erdvlies auslegen und bepflanzen.**

---

Mit einem Steckdosen-Bohraufsatz seitlich Löcher bohren. So können Pflanzen, die hängend Früchte tragen, gut platziert werden und den unteren Erdbereich nutzen, während im Beet der obere Bodenbereich genutzt wird.

Hängesessel & Co. gibt es viele. Probiere unbedingt aus, welcher von der Form her am bequemsten ist, z.B. in Dekoläden oder bei Freunden. Danach kannst du dir das gleiche Modell direkt kaufen oder in deiner Wunschausstattung bestellen.

1 Makramee-Sessel sind total im Trend und sehen super aus. Allerdings könnte der härtere Rand im Rücken oder an den Beinen stören.

107

# EINFACH ABHÄNGEN

2 Ein einfacheres Modell, schön weich zum Fläzen und nicht so teuer.

**3 Schön, luftig und bequem, dabei geräumig zum Sitzen oder Fläzen. Lass die Beine baumeln oder setz dich im Schneidersitz rein – hier kannst du alles ausprobieren! Auch abends mit Lichterketten dekoriert ein Blickfang.**

**4 Dieser Hängesessel ist etwas offener und daher nicht so klobig. Gibt es auch in allen möglichen Farben und Materialien.**

Wenn du keinen Haken zum Anhängen anbringen kannst, gibt es auch Gestelle. Die sind zwar nicht ganz billig, aber für ein Sofa würdest du das Geld ja auch ausgeben – und Hängesessel sind einfach super!

**Für dieses tolle Accessoire beim Barbecue einfach eine Euro-Palette abschleifen. Bohre mit einem 10er-Bohrer in einen der äußeren Holzblöcke. Schiebe dann eine Gewindestange mit entsprechender Länge durch und stecke je links und rechts einen Schubkarrenreifen auf, der jeweils mit Unterlegscheibe und Flügelschraube festgeschraubt wird. Ein ca. 25 cm langes Kantholz in entsprechender Höhe an die andere Längsseite schrauben. Dein Diener kann mit verschiedenen Türgriffen und Handtuchhaltern ausgestattet werden.**

Der Kollege ist wetterfest!

# 108 GRILLDIENER

**Klappläden sind eine super Deko, für Drinnen oder Draußen. Auf der Terrasse kannst du damit z. B. deine Regenrinne dahinter verstecken. Toskana-Feeling statt Schlechtwetter-Stimmung!**

Für den Vintage-Stil einfach nur die Läden anschleifen und dann mit Klarlack versehen.

# 109 KLAPPKLAPP

**Du willst Kletterpflanzen ziehen? Einfach einen Drahtbügel als Kletterhilfe an die Wand hängen!**

Vor einer Holzwand sieht das besonders toll aus!

# 110 RANKHILFE

111

# ALLES PALETTI

**Du willst deine Gartengeräte stylish unterbringen? Eine wetterfeste Palette ist dafür ideal!**

Wenn du die Palette noch unter eine Überdachung stellst oder in der Garage lagerst, rostet auch nichts.

# 112 EINE RUNDE SACHE

**Wie wäre es mit Pflanzkübeln der etwas anderen Art? Schneide einfach einen Ball an den entsprechenden Nähten auf und befülle ihn mit Erde und Pflanzen oder Blumen.**

Sukkulenten eignen sich wegen ihrer Genügsamkeit hervorragend.

# 113 MINI-BAR

**Hierfür benötigst du eine Pappelrückwand à 79 × 79 cm. Klappe den Rahmen auf und lege ihn auf die Metallbeine. Schraube die Rückwand auf. Säge eine Unterkonstruktionslatte mit dem Maß der Bar-Tiefe zu und schraube sie an die Seiten im Inneren. Lege dann die Zwischenbodenbretter ein und schraube sie auch auf die Latte. Das Restmaterial der Latte kannst du für die Unterkonstruktion der Tür aus den einzelnen Brettern verwenden. Streiche die Teile in Schwarz an. Mit einem Scharnier wird der ausklappbare Tisch gehalten.**

Die Buchstaben auf ein DIN-A4-Blatt drucken, ausschneiden und als Schablone aufkleben. Mit weißer Sprühfarbe einsprühen.

# 114 FARBWECHSEL

**Du kannst dich nicht entscheiden, ob dein Terrassenstuh lieber Rot oder Türkis sein soll? Nimm doch beides!**

Bunte Balkonstühle machen sofort gute Laune – da ist jeden Tag Sommerparty!

**Dein alter Kronleuchter wird mit neuem Leben bepflanzt: Alte Espressotassen werden mit Heißkleber befestigt und dienen als Blumentopf für deine Mini-Sukkulenten.**

Mit kleinen Tontöpfen und Hängepflanzen sieht es auch toll aus.

# 115 PFLANZRING

# 116
# STEIN-ABTROPFER

**Mal wieder Schietwetter beim Wandern erwischt? Die schwarze Schuhwanne lässt sich mit Steinen gut aufpeppen. Darauf können die Wanderschuhe in Ruhe trocknen.**

---

Regenwasser kann so gut in den Raum verdunsten und fördert die Luftfeuchtigkeit.

# 117 BALLFÄNGER

**Für diese tolle Ballaufbewahrung brauchst du eigentlich nur ein paar Ketten: Die Plastikglieder lassen sich leicht mit einer Japan- oder Gehrungssäge aufsägen. An den Seiten sind drei gleichlange Segmente, die oben mit einem Karabiner zusammengehalten werden. Die Zwischenelemente werden je nach Ballgröße gekürzt, indem ein Kettenglied angesägt wird. Durch leichtes Verdrehen kann das andere Kettenglied herausgenommen werden.**

---

Du kannst die Bälle auch in einer Palette stapeln.

**Paletten machen sich auch als Fahrradständer gut. Lege eine Palette auf den Boden und befestige eine zweite hochkant an der Rückseite. Damit das Ganze stabil wird, solltest du mehrere Winkel verwenden. Achte darauf, dass die offenen Stellen der Paletten genau übereinander liegen.**

---

Wenn du den Fahrradständer noch schön (bunt) anstreichst, wird er ein richtiger Hingucker.

# 118

# FAHRRADSTÄNDER

Für diesen genialen Getränketisch nimmst du eine runde Holzplatte mit ca. 40 cm Durchmesser. Darauf stellst du eine Wasserflasche und umfährst diese mit einem Stift. Je im gleichen Abstand zeichnest du zwei Linien, die parallel verlaufen und mindestens so wie dick deine Weinglasstile sind. Säge diese 10 cm tief in die runde Platte ein. Am Ende bohrst du mit einem 35er Forstnerbohrer je ein Loch. Die Flaschenöffnung mit einem großen Dosenbohraufsatz ausfräsen. Die Säge- und Bohrstellen abschleifen. Schraube einen Rundstab an die Platte und befestige daran einen Holzdübel als Flaschenstopper. Den Rundstab unten leicht anschrägen, damit er leichter in den Boden gesteckt werden kann.

Mit Farbe sieht das Ganze natürlich ganz fesch aus!

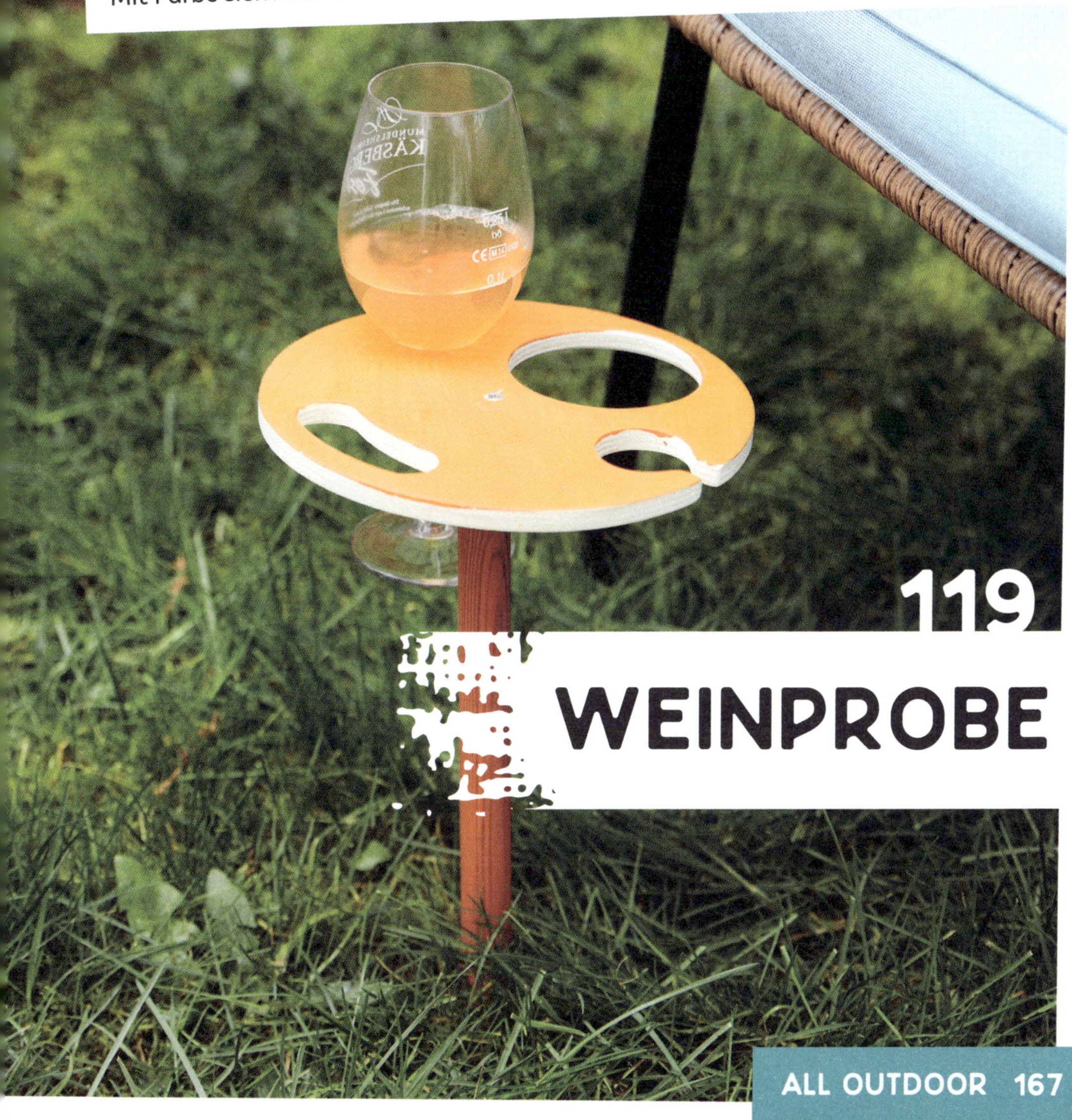

## 119 WEINPROBE

# 120 GESTIEFELT UND BEGRÜNT

**Ein echter Blickfang auf der Terrasse: Nutze einfach ein paar Gummistiefel als Blumenvase!**

Wenn du noch alte Wanderschuhe übrig hast, kannst du da bunte Stiefmütterchen oder Vergissmeinnicht einpflanzen.

# NOTIZEN

**AHA!**

Unter Berücksichtigung der Wasserbeständigkeit kann mittlerweile fast alles ins Outdoorzimmer gestellt werden. Es gibt schon für kleines Geld hochwertige Lacke, die UV-Schutz bzw. Wasserschutz bieten.

# NOTIZEN

# Flur, Werkstatt + Co.

**Der Flur ist der erste Eindruck von deiner Wohnung – aber die Eingangstür lässt auch schon darauf schließen, wer da wohl wohnt. Nutze den Platz vor der Tür z.B. für ein schmales Schuhregal, anstatt die (abgelatschten?) Schuhe einfach herumpurzeln zu lassen.**

---

Eine Pflanze in der Ecke lenkt den Fokus eher auf das Wohnliche und heißt dich und deine Besucher willkommen.

Manch einer dieser Räume hat ein Schattendasein. Entweder werden sie nur willenlos befüllt oder komplett vollgestellt – dabei geht das auch in Schön! Der Flur ist das Intro eines Wohnbereichs, er sollte aufgeräumt wirken, erst recht, wenn er nur klein ist.
Eine Werkstatt hat nicht jeder, aber manchmal tut es auch eine Raumecke oder ein Hobbykeller. Auch hier gibt es zahlreiche nützliche Tipps und Hacks, wie du alles schön und ordentlich halten kannst.

**Silikontuben kannst du super hängend ordnen! So ist auch das Etikett gut sichtbar.**

Damit die Silikonkartusche nicht aushärtet, kannst du den Schraubhaken eindrehen.

# 122 SILIKONSPRITZE

123

# FLASCHENDREHEN

**Perfekt für deinen DIY-Kleinkram wie Schrauben oder Dübel: Bohre oben in den Flaschenhals ein Loch, an dem du die Sammelflasche an einer Schraube einhängen kannst.**

---

Wenn das Loch etwas kleiner als der Schraubkopf ist, kann die Flasche einfach nur gedreht anstatt jedes Mal abgehängt werden.

# KLEBEBANDHALTER

**Einfach eine alte Holzschachtel oder eine Schublade mit einem Rundholz innen bestücken, davor die Klebebandrollen auffädeln und den Rundstab entweder einklemmen oder auf einer Seite mit einer Schraube fixieren. Klebe ein altes Sägeblatt mit Heißkleber an die Außenkante, wie z. B. ein Stich- oder Laubsägenblatt. Dann ist der Abriss gesichert.**

Geht auch in Klein für Washi Tapes.

125

# SCHRAUBE LOCKER

**Du kennst das bestimmt: Viele Schubladen und du durchsuchst jede, und jedes Mal findest du das gesuchte Teil in der letzten Schublade. Klebe doch einfach mit Heißkleber die jeweiligen Schrauben oder Ösen vorne an die Front.**

Das geht natürlich auch mit anderen Gegenständen. Hauptsache, nie mehr suchen!

# 126

# PINSEL AN DER LEINE

**Nimm einen dünnen Stab oder eine Gewindestange und fädle da deine Pinsel auf.**

So sind diese perfekt ausgerichtet und können an der Luft trocknen. Auch die Haare verbiegen nicht und die Zwinge rostet so weniger.

**Was kann man aus einem abgebrochenen Meterstab machen? Dieses coole Schlüsselbrett zum Beispiel! Einfach auf ein schmales Brett schrauben, vier schwarze Handtuchhaken dranschrauben, fertig.**

Sieht auch mit farbigen Zollstöcken gut aus.

127

# MASSGENAU

## 128

# HINTER GITTERN

**Mit einem Pflanzgitter und kleinen S-Haken kannst du deine Gartengeräte ordentlich beisammenhalten.**

---

Wäscheklammern sind hier auch nützlich.

**Deine Eingangstür kannst du außen wie innen für Willkommensdeko nutzen. Wie wäre es mit einem schönen Kranz?**

Je nach Jahreszeit kannst du schöne Frühlings-, Herbst- oder Weihnachtskränze kaufen oder sogar selbst stecken.

# 129 WELCOME HOME

8

130

# EASYPEASY SCHLÜSSELBORD

**Tschüss Schlüsselchaos – dieses einfache Bord ist schnell gemacht und sieht super aus!**

---

**1** **Dazu brauchst du: 20 cm lange, quadratische Holzleiste 3 cm × 3 cm, 5 naturbelassene Holzperlen, Ø 30 mm, 1 m Paracord rosa, Ø 3 mm, Feuerzeug, 5 Schlüsselringe, feines Schleifpapier, Schere, Zollstock, Bleistift, Gehrungssäge und Gehrungslade**

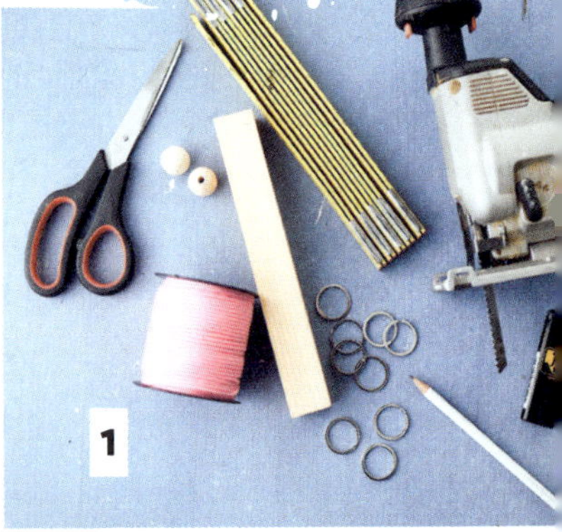

1

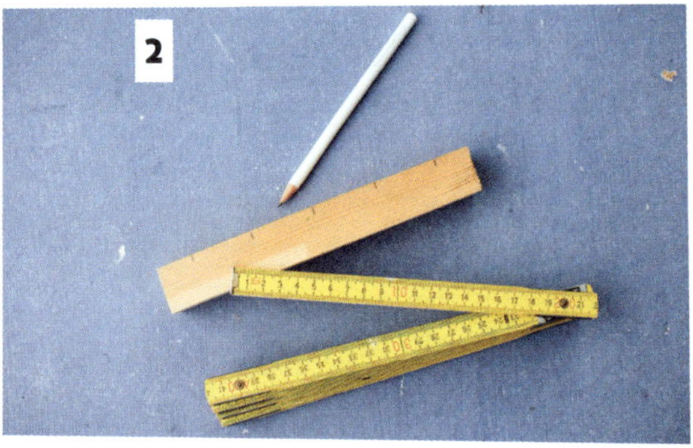

2

**2** **Für die Leiste: Markiere mithilfe des Zollstocks auf der Leiste folgende Abstände mit Bleistift: 2 cm, 6 cm, 10 cm, 14 cm und 18 cm.**

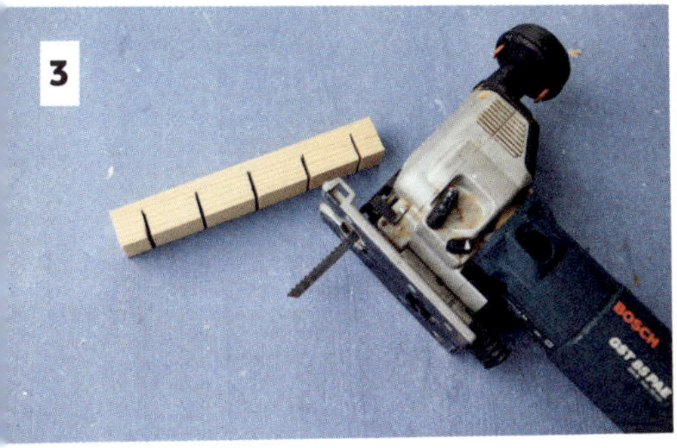


3 Säge mit der Handsäge an den markierten Stellen jeweils einen Schlitz, bis 1 cm vor dem Durchbruch.

Schleife die Schlitze, Ecken und Kanten mit dem Schleifpapier glatt.

5 Für die 5 Schlüsselanhänger: Flamme das Ende eines 10 cm langen Stücks Paracord mit dem Feuerzeug etwas an und drücke es mit den Fingern zusammen – so kann der Paracord nicht aufribbeln.

Mache einen festen Knoten in das Ende des Kordelstücks. Fädle die Holzperle auf den Paracord und setze sie auf den Knoten.

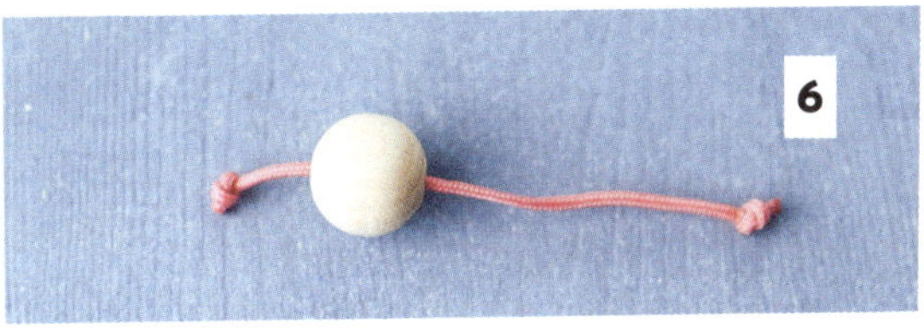


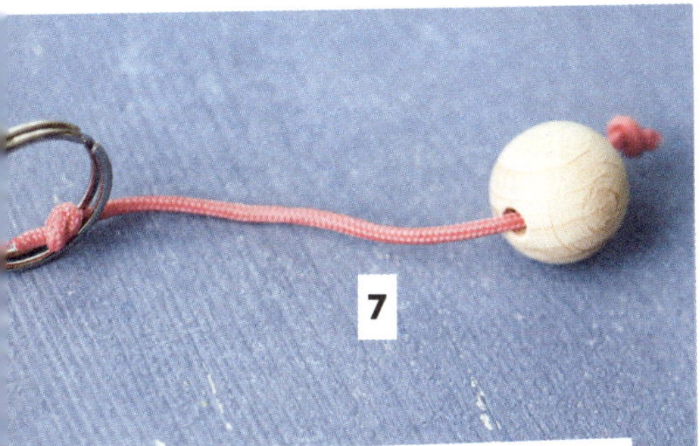


7 Mache am unteren Ende ebenfalls einen Knoten und flämme das Ende an. Über den Knoten ziehst du einen Schlüsselring.

8 Fertig ist dein Schlüsselbord!

Das Schlüsselbord lässt sich mit wiederablösbaren Powerstrips an der Wand befestigen.

**Wenn dein Keller so aussieht, solltest du ihn dringend aufräumen! Den Platz kannst du gut nutzen, und wenn du weißt, wo du was findest, sparst du jede Menge Zeit.**

---

Kisten am besten immer beschriften und/oder durchsichtige Kisten benutzen. Dann geht das Suchen noch schneller!

131

# BETRETEN AUF EIGENE GEFAHR

# HOBBYKELLER

**Bau doch deinen Keller als Hobbykeller aus, wenn er trocken und groß genug ist! Das kann ein tolles Flair geben!**

---

Ob Spielkeller, Werkstatt oder Bastelraum – mit der richtigen Beleuchtung kannst du alles daraus machen.

133

# ALLES RUND

**Die Drehscheibe ist toll bei einer engen Arbeitsplatte. So kannst du dein gesuchtes Werkzeug schnell erreichen.**

---

Auch im Kühlschrank eine tolle Idee.

# WERKGARAGE

**u brauchst deine Garage nicht? Dann ach eine Werkstatt draus! Für große eräte ist sie super geeignet, und es arf da drin auch mal laut werden.**

Du kannst sie natürlich auch als Extrazimmer ausbauen, musst dann aber noch auf andere Dinge wie Heizung und Wasseranschluss denken.

**Dein Dachboden muss nicht nur als Stauraum fungieren. Ggf. kannst du ihn auch ausbauen lassen, wenn die Höhe reicht.**

Mit etwas guter Isolierung und einem Stromanschluss kannst du oben schon viel ausrichten.

# 135 HOCH HINAUS

# 136

# LUFTIG SCHÖN

**Wenn du deinen Flur luftig gestaltest und dezent andekorierst, freust du dich jeden Tag aufs Neue, wenn du deine Wohnung betrittst!**

---

Und dein Besuch auch.

137

# SCHUHREGAL

**Weinkisten sind das ideale Schuhregal, egal ob in Bunt oder mit Papier ausgelegt.**

Nichts muss geschraubt werden, einfach im Flur stapeln!

**Wohin mit Zeitungen, Zeitschriften oder der Post? Nimm einen alten Ordner und klappe diesen etwas auf. Die Seitenteile kannst du mit buntem Stoff zwischenspannen. Mit einem Tacker den Stoff festtackern und die Stoffkanten innen mit Gaffa Tape überkleben.**

Macht sich gut in Fluren mit wenig Platz. Dann brauchst du nicht mal Bilder!

# 138 SAMMELORT

139

# KEIN PLATZ? (R)EGAL!

**Mit 6 Yton-Steinen und drei Schalungsbrettern mit Metallkante bist du einfach und kostengünstig um ein Regal reicher. Die Bretter passen perfekt unter eine Dachschräge, wenn eines gekürzt wird. Einfach auflegen – fertig!**

---

Nimm mindestens die 8 cm breiten Steine, damit diese eine satte Auflage bzw. Standfläche haben.

# 140 GRÜNE TREPPE

**Auch das Treppenhaus kannst du schön gestalten, z. B. mit einer Pflanze, die du ans Treppenende oder auf eine Stufe stellst.**

Das macht es gleich viel wohnlicher, und du hast den Platz gut genutzt.

**Du willst Urlaubs-Feeling in deine Wohnung holen? Deine Treppe kannst du mit orientalischen Fliesen dekorieren oder mit Fliesenstickern im Azulejo-Stil, das ist noch günstiger.**

Eine Pflanze daneben, eine Laterne an die Wand und der spanische Sommer kann einziehen.

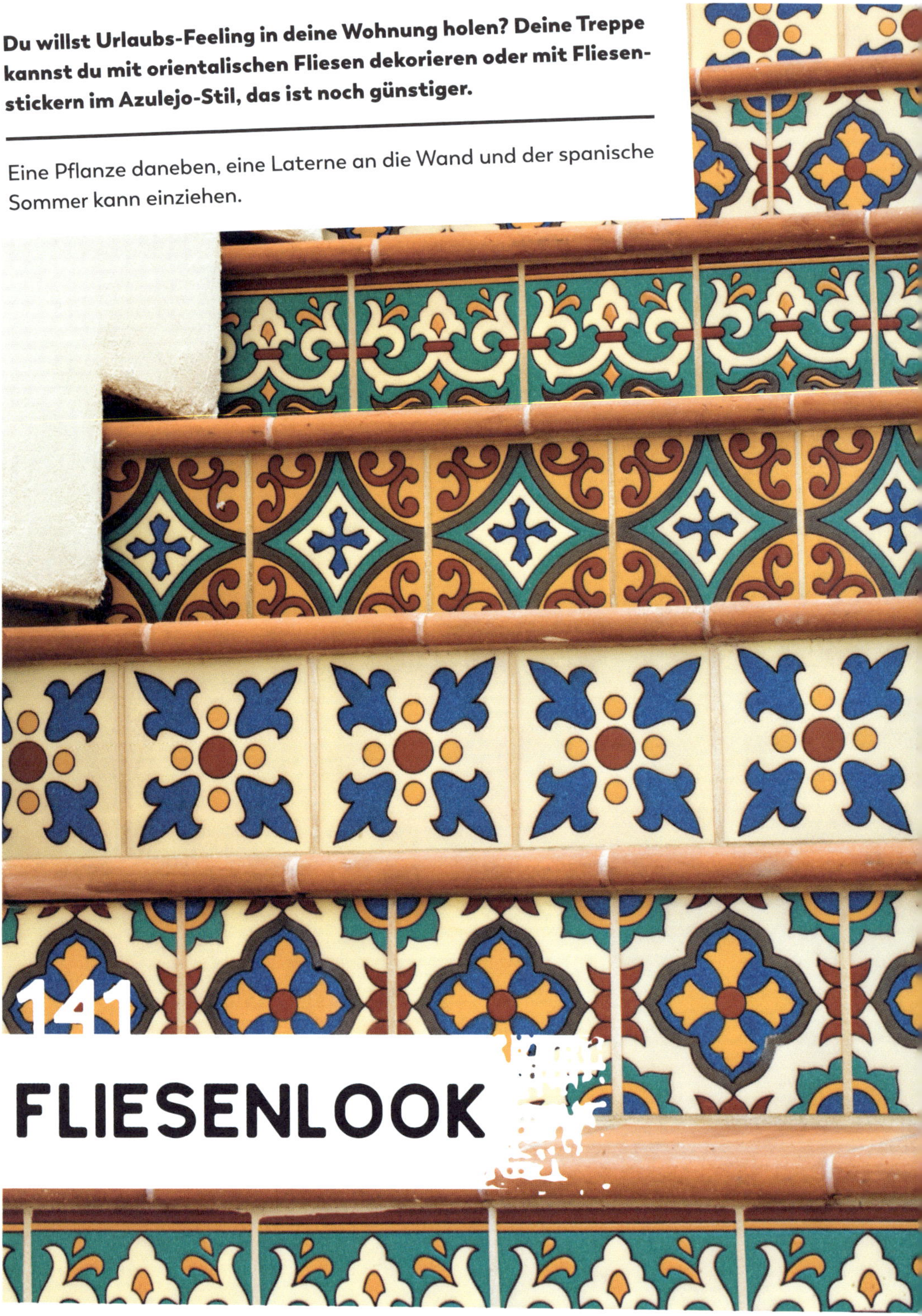

# 141 FLIESENLOOK

142

# WERKZEUGEIMER

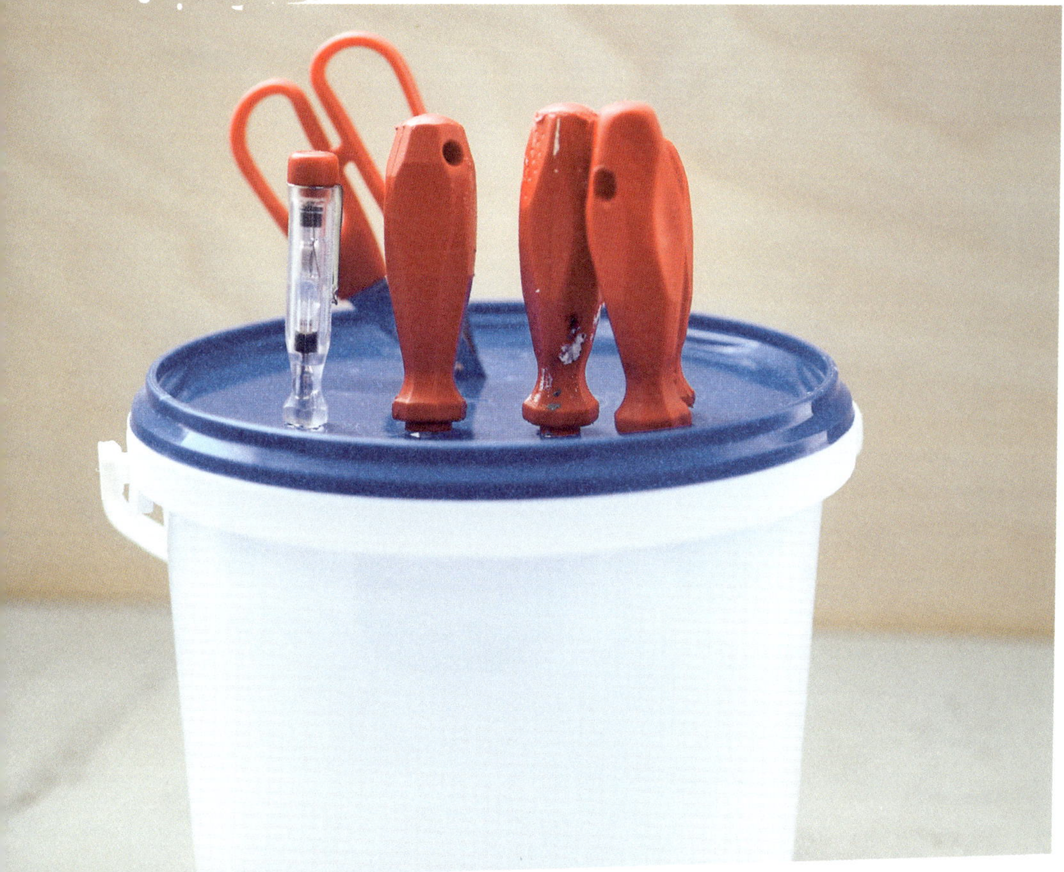

**Nimm einen Eimer à ca. 10 l mit Plastikdeckel und schneide mit einem Cutter passend Schlitze. Bohre mit einem Bohrer Löcher verschiedener Größen und Anordnungen in den Deckel. So hat jedes Werkzeug seinen Platz.**

Perfekt für Schraubenzieher, Pinsel oder Scheren.

# NOTIZEN

**AHA!**

Mit System bekommt man jeden Raum in den Griff, sodass man diesen gerne betritt und nutzt. Wenn alles seinen Platz hat und nicht umfallen kann oder in ein totes Eck rutschen kann, ist allen geholfen. Denke auch an gutes Licht, dann fällt Ordnung auch leichter.

# NOTIZEN

# tiny SPACES

**Kein Platz im Bad? Nimm einfach ein paar schöne Papierdosen und hänge sie an die Wand. Perfekt zur Aufbewahrung von kleinen Handtüchern oder Klorollen!**

---

Klebehaken an der Wand ergänzen das Ganze.

# 143

Eine Wohnung hat oft kleinere Räume wie den Flur, ein enges Bad oder ein Zimmer, das du nicht so richtig nutzen kannst. Oder vielleicht doch?
In diesem Kapitel bekommst du praktische Tipps an die Hand, wie du Platz sparen und sogar gewinnen kannst! Ein Eckregal im Wohnzimmer? Eine schmale Garderobe im Flur? Ein Tassenhalter in der Küche? Mit zusätzlichen Ordnungskniffen und kleinen Eyecatchern kannst du mit wenig Aufwand Ordnung und Platz schaffen.

# 144 WÄSCHEBERG

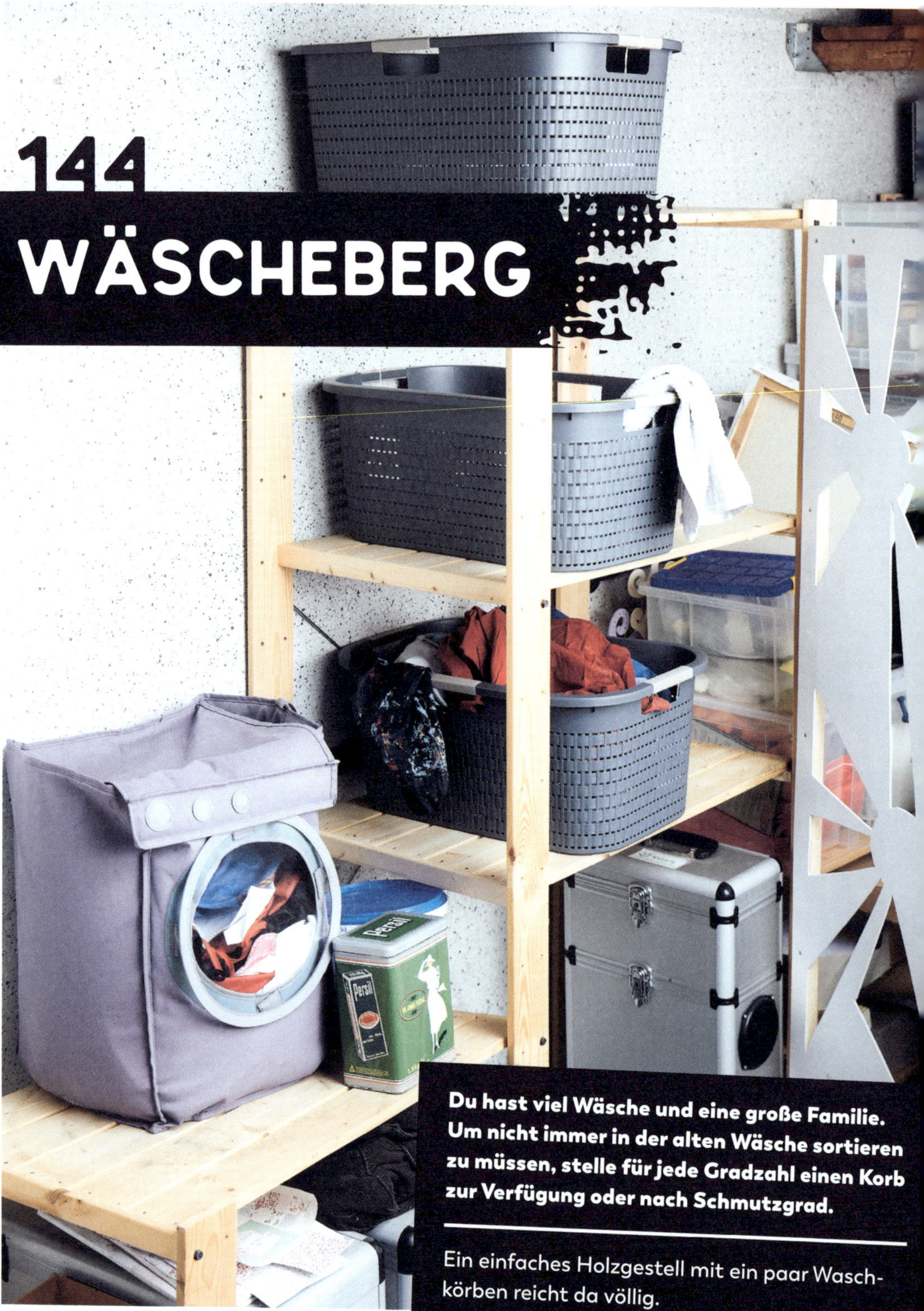


**Du hast viel Wäsche und eine große Familie. Um nicht immer in der alten Wäsche sortieren zu müssen, stelle für jede Gradzahl einen Korb zur Verfügung oder nach Schmutzgrad.**

Ein einfaches Holzgestell mit ein paar Waschkörben reicht da völlig.

**Omas Holznudelholz sieht nicht nur cool aus, sondern kann zwei Sachen gleichzeitig. Mit zwei Befestigungsschlaufen aus Leder dient es als Handtuchhalter.**

Abgenommen kann es immer wieder zum Backen im Einsatz sein.

# 145 NUDELHOLZ

# 146

# JEANS-ORGANIZER

**Du hast noch eine alte Jeans übrig, in die du nicht mehr reinpasst? Schneide die Hose auf und klappe sie so, dass die meisten Taschen zu sehen sind. Trenne die restlichen Taschen ab und nähe sie auf das Hosenbein.**

---

An einen Kleiderbügel zum Aufhängen nähen, fertig!

**Bei wenig Platz einfach einen Holzordner mit doppelseitigem Klebeband an die Tür kleben.**

Wenn du magst, kannst du den Ordner auch anmalen oder dekorativ bekleben.

# 147 STAURAUM

148

# GECHILLTES OBST

**Passt in jede Lücke als zweite Ebene – und das Obst bleibt in der Luft länger frisch!**

**1** **Du brauchst dafür:**
**10 m Makrameegarn,**
**1 Schere, 2 Rundholzstäbe,**
**40 cm lang, d = 1 cm**

**2** **Nimm zwei 1 m lange Fäden unc knicke diese in der Mitte ab. Le diese wie im Foto um den Stab.**

Wiederhole Step 2 und verbinde die zwei Stränge wie auf dem Foto.

7 Bei deiner Wunschlänge aufhören. Die Enden um den Stab wickeln und fest verknoten.

8 Die Hängematte mit zwei Extraschlaufen oder an vier Schraubhaken fixieren.

3 Nimm die äußeren Fäden und führe diese über die zwei mittleren Fäden und verknote sie.

5 Ziehe an den äußeren Fäden und zurre den Knoten zusammen.

6 Füge immer wieder nach Wunsch weitere Fäden auf dem Stab hinzu und verbinde diese.

# 149 ORDNUNG AUF DEM KLO

**Hier hilft dir ein Holzordner, der mit Kraftpapier beklebt wird, die Klopapierrollen ordentlich aufzubewahren.**

---

Du kannst auch kleine Regale an die Wand nageln und darin deine Rollen lagern. Dafür braucht man aber etwas mehr Platz.

# 150 FÜR BÜCHER-MENSCHEN

**Nimm Bücher, die du schon gelesen hast oder die ein Fehlkauf oder Fehlgeschenk waren, und lege sie hinten auf den Regalboden eines etwas tieferen Bücherregals. Stelle die hinteren Bücher ganz normal darauf. Die erste Reihe steht dann etwas tiefer, und du siehst trotz der zwei Reihen, was hinten steht.**

---

Die Bücher sollten etwa gleich dick sein. Du kannst auch zwischendurch mal umschichten.

151

# UMS ECK GEDACHT

**Bei wenig Stauraum sind Eckregale super! So hast du nicht nur mehr Stauraum, du vermeidest auch tote Winkel und dunkle Ecken.**

Mit LED-Stripes oder Lichterketten beleuchtet, gewinnst du gefühlt noch mehr Raum.

Bohre bzw. schraube durch den Glasdeckel eines Marmeladenglases und befestige ihn an der Tischunterseite. Hier kannst du Bastelmaterial oder Nähzeug in die Gläser füllen, Sachen, die du oft benötigst.

Geht auch für Schrauben und Dübel.

# 152 UNTER DEM TISCH

# 153 TASSEN-TANZ

**Du hast einfach nie genug Stauraum im Küchenregal? Drehe einfach an der Unterseite eines Regals Schraubhaken ein. So sind deine Tassen immer griffbereit.**

Schön gestaltete Tassen kommen so auch mehr zur Geltung als in der Schublade.

## 154

# TISCH ODER REGAL

**Couchtisch mit Ablage mal anders? Nimm zwei Holzordner und schraube diese mit der langen Seite an ein Brett.**

Du kannst die Konstruktion auch an die Wand montieren, wenn du eine erhöhte Ablage oder einen Sekretär haben möchtest.

Zum Spielen für die Kleinen oder als Hundehütte – was immer du daraus machen möchtest!

# 155 MINI-SPIELHAUS

**1** **Du brauchst dafür:**
**Stichsäge, Japansäge, Hammer, Nägel 2 cm lang, feines Schleifpapier, Kreppband, Brennspiritus, Papiertuch, 16 Schrauben 3 cm lang, Akku-Schrauber, 7er-Bohrer, Holzbohrer 3 mm, Schraubzwinge, Winkel, 4–5 Einlegeböden von IKEA-Besta-Schrank (56 × 35,5 × 2 cm). 10 Siebdruckplattenstreifen 70 × 2 × 2 cm**

**2** **Lege einen Einlegeboden flach hin und stel[lt] den zweiten an die Bodenplatte, wo hinte[n] sein soll. Schraube mit 4 Schrauben das stehende Brett an das liegende Brett. Eventu[ell] musst du je nach Qualität der Schrauben vorbohren.**

:elle nun seitlich hochkant ein Brett an die Bodenatte und die Rückwand und markiere mit dem :ift die Höhe der Rückwand. Das ist die Höhe für e Seitenwand. Drehe das Brett, damit du auf die ettstärke sehen kannst, und zeichne mit dem 'inkel eine Linie. An dieser sägst du mit einem eigungswinkel von 35 Grad das Brett in zwei Teile.

chraube das Seitenteil an. Du tust dich einfacher, venn du es mit Kreppband fixierst.

ege das letzte Brett auf die Dachkante und das eitenteil. Bestimme die Sägewinkel, indem du iese von den anderen Brettkanten übernimmst, nd säge diese entsprechend ab. Schraube das ach endgültig zusammen. Drehe das Haus und ege es auf die Rückwand. Lege nun in 2 cm Abtand die Latten auf. Markiere die Dachschräge auf en einzelnen Latten und säge diese passend ab.

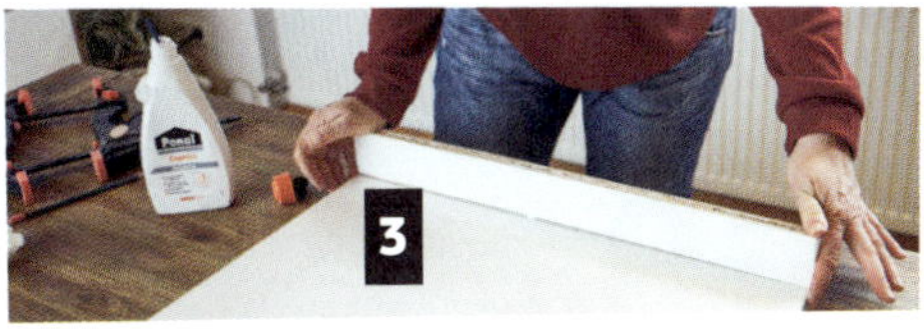


**4** Nun wird das letzte ganze Brett an die andere Seite gestellt und die Seitenwand wird in der Höhe bestimmt (ca. 10 cm niedriger als die andere Seite). Wiederhole Step 3. Stelle das kurze Seitenteil an die Bodenplatte und verlängere die schräg abgesägte Kante auf der Rückseite und zeichne diesen Winkel an. Säge diese Ecke nun an der Rückwand mit der Säge ab.

**6** Verwende eines der restlichen Bretter als Teildach und lege dieses an der höheren Seite auf. Nimm eine zweite Person zur Hilfe. Schraube die Schrauben senkrecht von oben hinein, eventuell solltest du die Bohrlöcher anzeichnen und vorbohren.

**8** Nagle die Latten an.

156

# AUS KLEIN MACH GROSS

**Mit gezielt gesetzten Spiegeln kannst du deinen Raum spielend leicht vergrößern. Ob hängend oder ein sehr großer am Boden gestellt, da ist alles offen.**

Vor allem kleine, dunkle Räume wie den Flur kannst du damit optisch vergrößern.

157

# HÄNGEPFLANZEN

**hast es gern grün, aber keinen Platz für anzen? Versuchs doch mal hiermit!**

Raum wird optisch in die Höhe ge-eckt und die Wandtöpfe sind relativ flach.

**Mit einem Paravent oder einem Regal kannst du super eine kuschelige Ecke abtrennen oder dein Home Office vom Wohnzimmer trennen.**

Makramee-Paravents zum Beispiel sind schön luftig und fügen sich überall gut ein.

158

# ABGETRENNT

159

# ROLLEN LOS

**Dein Skateboard ist als Schaukel im Garten im Einsatz und die abgefahren Rollen bleiben übrig. Oder auch nicht – als trendige Kleiderhaken sind sie der Hit.**

Perfekt für den Flur oder andere kleine Räume!

## 160

# ÜBER KOPF

**Nimm einen Holzbügel und bohre mittig ein Loch ins Holzteil. Dann drehe ihn kopfüber und befestige ihn als Garderobe an der Wand.**

---

Mehrere übereinander sehen auch super aus!

**ei kleinen Räumen kannst du durch ein Hochbett eine weite Ebene gewinnen. Darunter kannst du einen rbeitsplatz einrichten oder ein Sofa zum Chillen stellen.**

---

Es gibt auch große Doppel-Hochbetten für Erwachsene.

# 161 ZWEITE EBENE

**In kleinen Ecken kannst du super dein Home Office einrichten oder auch nur einen Platz für alles, was du an Orga am Computer erledigen musst.**

Mit einem Sichtschutz, z.B. aus Makramee, kannst du die Ecke vom Rest des Raums trennen.

# 162 OFFICE-ECKE

# 163 REIFENREGAL

**Hierfür ist jeder Fahrradmantel geeignet. Bestimme die Abstände der Regalböden und markiere diese, um sie dann entsprechend abzusägen. Dann ein paar Dachlatten oder schmale Bretter in den Mantel legen und seitlich mit je einer Schraube festschrauben.**

Ein echter Hingucker, und superflach!

# NOTIZEN

**AHA!**

Versuche nicht nur jeden Platz zu nutzen, lege auch Wert auf Optik oder ausgefallene Farbgebungen. Manche Dinge kann man nicht verstecken, dann hebe diese hervor.

ORDNUNG
ist das
halbe
LEBEN

**Bei dir fliegen Rechnungen, Briefe und anderer Kleinkram durcheinander? Nimm einfach ein schönes Buch, das du schon gelesen hast, höhle es aus, klebe die Seiten zusammen und fertig ist dein Aufbewahrungskästchen.**

---

Buchdeckel zuklappen und Chaos vergessen.

164

WANTED: Socke

Ordnung ist eine schöne Sache ... aber leider herrscht trotzdem viel zu oft Chaos!
Hier findest du nützliche Hacks und Tricks, wie du besser Ordnung halten kannst (oder es zumindest so aussieht).
Du wirst es merken: Ein aufgewickeltes Kabel „räumt" auch deine innere Unruhe auf. Oft ist es so, dass man einen Raum betritt und total genervt oder zappelig ist. Dies kann an unbewussten Einflüssen liegen, wie Kabelsalat in einer staubigen Ecke, die man dann auch überhaupt nicht mehr gerne reinigt bzw. beachten mag. Man weiß es und tut aber nichts dagegen. Nicht mit uns!

165

# LAN UND WAHN

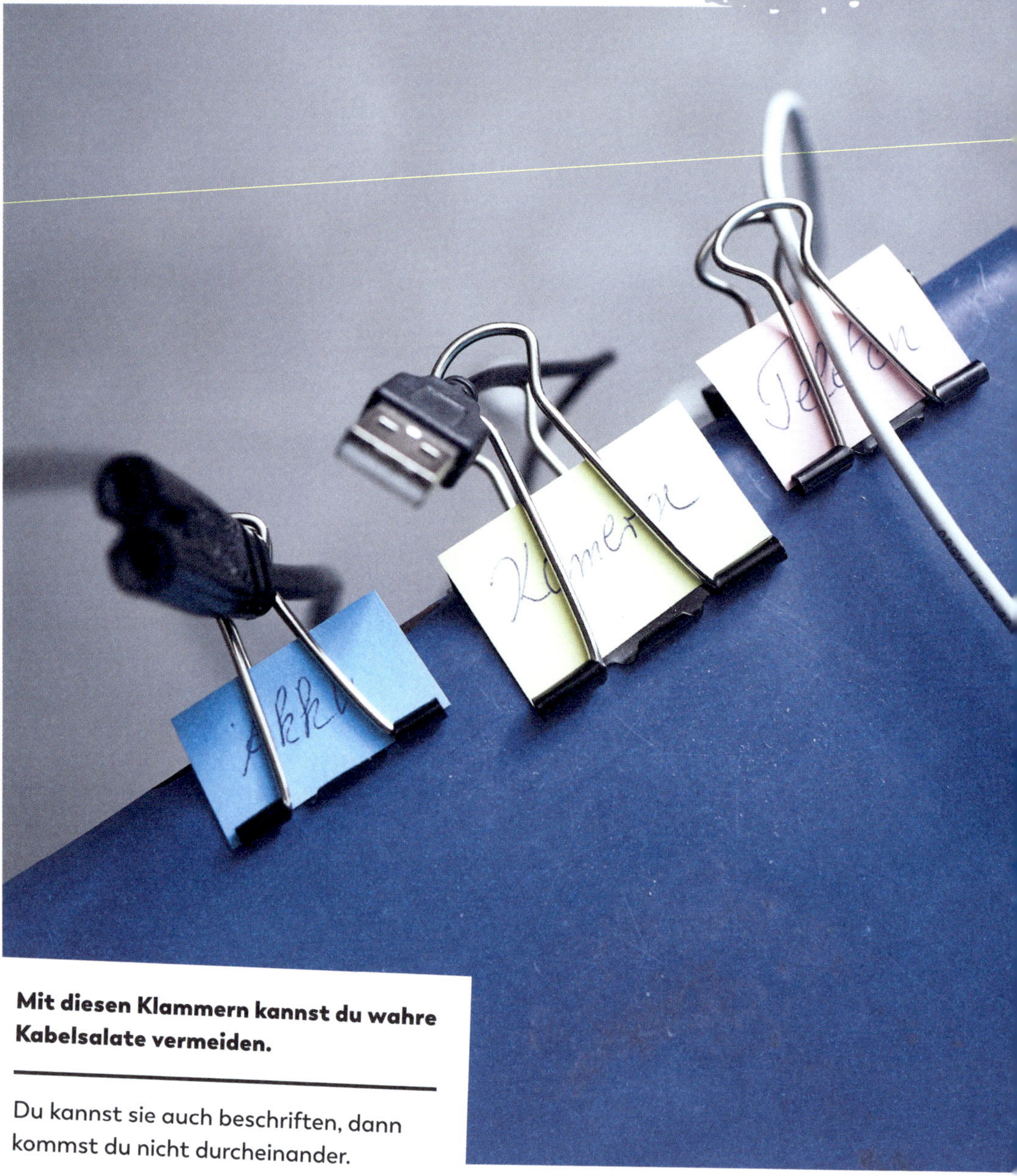

**Mit diesen Klammern kannst du wahre Kabelsalate vermeiden.**

Du kannst sie auch beschriften, dann kommst du nicht durcheinander.

# 166 KABELSALAT

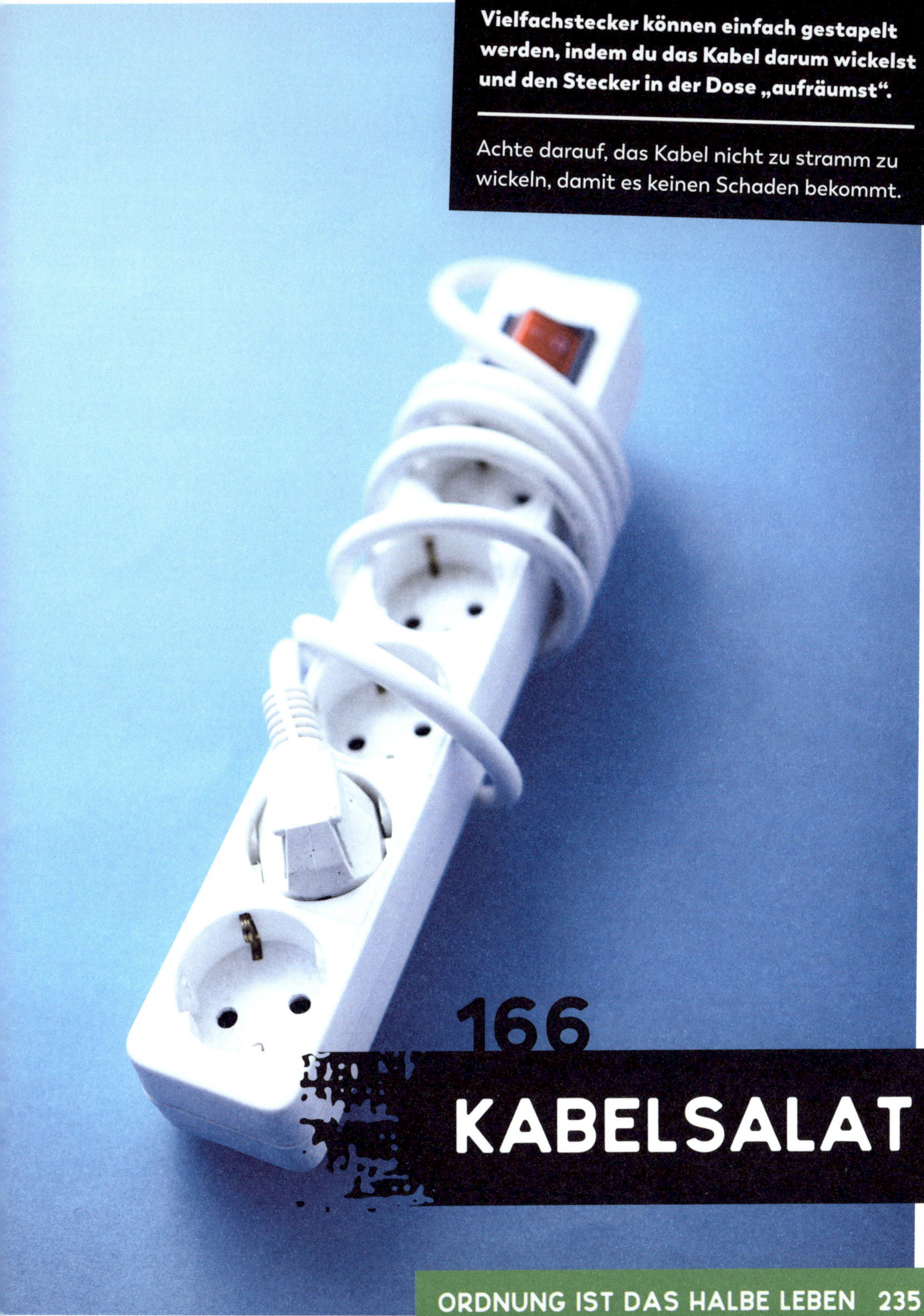

**Vielfachstecker können einfach gestapelt werden, indem du das Kabel darum wickelst und den Stecker in der Dose „aufräumst“.**

Achte darauf, das Kabel nicht zu stramm zu wickeln, damit es keinen Schaden bekommt.

# 167
# HAARPRACHT

**Mit einer Toilettenpapierrolle kannst du einfach alle Haargummis und Haarspangen kompakt an einem Platz haben.**

Auch für Gummibänder und Büroklammern geeignet.

**Klingt vielleicht trivial, aber regelmäßiges Ausmisten kann schon viel bringen, um im Alltag Ordnung zu halten. Vor allem in Abstellkammern, Kellern, auf Dachböden, aber auch generell. Dann macht das Umräumen und Umdekorieren auch mehr Spaß, wenn man nicht erst alles suchen muss.**

---

Bei uns ist die Regel, wird etwas ein Jahr nicht getragen oder vermisst, kommt es in den Secondhand-Laden im Nachbarort. Schuhe kommen nur neu ins Haus, wenn ein Paar geht.

# 168 REGELMÄSSIG AUSMISTEN

# 169
# NAGEL-SCHACHTEL

**Eine leergegessene Süßigkeitenschachtel dient als Aufbewahrung von Kleinteilen.**

Die Aufteilung ist geschickt für Nägel, Schrauben oder vielleicht sogar Ohrringe.

**Einfach ein Ordnungssystem mit Kästen und Ablagen bestücken und zum Fitness Point umfunktionieren.**

Wenn alles griffbereit ist, gibt es keine Ausrede mehr, Sport zu machen!

# 170 SPORTLERBAR

# 171 GUT VERSTECKT

**Mit einem Rahmen mit dem angesagten Wiener Geflecht kannst du super unschöne Ecken verstecken.**

Ob Heizkörper oder Lüftungsrohre, du wirst etwas finden.

**Du hast noch ein Backblech übrig? Einfach mit zwei starken Nägeln an der Wand befestigen und als Pinnwand für deine Kräuter benutzen! Mit Magnetstreifen an den Dosen geht das super.**

---

Du kannst die Pinnwand natürlich auch für Rezepte oder Nachrichten benutzen.

# 172 KRÄUTERBLECH

**Dokumentenrollen lassen sich gut durchsägen und in einem Regalfach stapeln. Hier können dann verschiedene Kabel aufgewickelt und verstaut werden.**

---

Mit beschrifteten Etiketten oder Zetteln lassen sich die Kabel später leichter zuordnen.

# 173 KABELORDNER

174

# GLASKLAR

**Lippenstift oder andere fettige Rückstände lassen sich bei Gläsern in der Regel schlecht abwischen. Mit einem eingeschnittenen Schwämmchen geht dies viel flotter.**

---

Super für die schicken Weingläser von Oma, die nicht in die Spülmaschine dürfen!

175

# GESTAPELT UND GEFALTET

**Ordentlich weggeräumte Dinge geben gleich ein ganz anderes Raumgefühl. Ideal sind dafür Schubladen und Kleinbehälter. Aber auch hier sollten die Dinge ordentlich verräumt sein.**

---

**1 Auch im Bad kann Ordnung herrschen, innen …**

**2 … wie außen.**

**3 Ebenso im Kleiderschrank. Dann macht man ihn auch gerne wieder auf.**

**Auch Geschenkband- und Bastelutensilien kann man ordentlich verstauen.**

# 176 KÜCHENORDNUNG

**Über ein Reibeloch kannst du die Küchenreibe kopfüber an der Wand befestigen. Damit die Löffel nicht durchfliegen, einfach ein Stück Karton in den Boden legen. Fertig ist der etwas andere Handtuchhalter.**

---

Du kannst statt dem Handtuch auch Löffel mit Haken anhängen.

177

# WEINGLASHALTER

**hast noch einen kaputten :hen oder keine Lust mehr auf ·tenarbeit? Mach doch einfach en Weinglashalter daraus!**

r Rechen bietet sich förmlich an, Gläser für den besonderen An- s bereit zu halten.

**Wer kennt das nicht? Der Pullover mit dem weiten Kragen rutscht immer auf den Boden. Einfache Haushaltsgummis sind hier die Lösung.**

Achte darauf, neuere Gummis zu verwenden, denn spröde Gummis reißen eventuell.

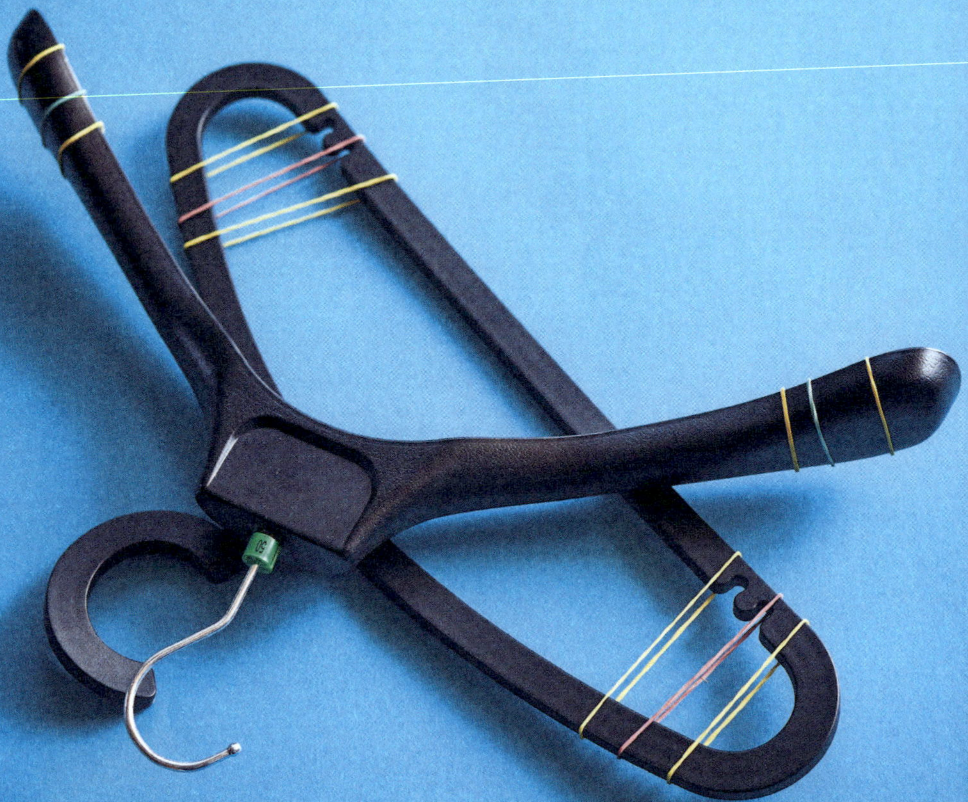

# 178 GIB GUMMI

# 179 MUSIKREGAL

Lege eine alte Platte mit Backpapier auf ein Backblech. Schon nach kurzer Zeit wird der Kunststoff matt und die Seiten wollen sich wellen, dann reagiere schnell und lege eine Flasche auf die Platte und biege mit Hilfe des Backpapiers die Platte in die richtige Form. Kurz halten, damit bei der Abkühlung die Position sich nicht verändert.

---

Bring das Vinyl zum Schmelzen!

# 180 HÄNGEPARTY

**Klammer-Gardinenösen und ein Stab bringen in deine Geschenkpapierrollen wieder eine Ordnung.**

---

Kordeln oder Bänder finden hier sicherlich auch noch einen Haken.

**Als Sofaschutz ist diese einfache Brettkonstruktion die perfekte Lösung.**

Da passen sogar noch ein paar Kekse drauf – was will man mehr?

# 181 LEHNENSCHUTZ

**Mit nur 8–10 Nägeln und einem Kleiderbügel bekommst du das Gürtelchaos aus deiner Schublade in den Griff!**

An der Zwischenstrebe kannst du auch noch dünnere Gürtel anschnallen.

182

# GÜRTELBÜGEL

183

# SOCKENSAMMLUNG

**Noch Socken übrig? Einen alten Bilderrahmen kannst du perfekt umfunktionieren, indem du Schraubösen in den Rahmen schraubst. Mit einer Schnur fädelst du von Öse zu Öse.**

---

Wenn du anstatt der Schnur ein Hosengummi verwendest, kann das Board auch als Postkartenhalter dienen.

**Mal wieder Kordelchaos? Schraube einfach ein paar Trichter an die Wand. Gleichmäßiges Abwickeln ohne Knoten garantiert.**

Auch super für Geschenkbänder!

184

# AUF DEN TRICHTER GEKOMMEN

**Hier finden Hängeohrringe ihren Platz!**

Den Schmuckständer kannst du super von A nach B tragen.

## 185 SCHMUCKSTÜCK

186

# ROLL ON!

**Du willst kein Loch in die Fliesen bohren? Dann ist dies die Lösung für den kreativen Handwerker.**

Die Rolle sollte nicht zu lang sein.

**Du hast ein langweiliges Regal? Säge es doch mal in unterschiedlich große Stücke, das lockert deine Wand etwas auf.**

Mit verschiedenen Farbresten wird das Ganze noch belebt.

# 187 VERSETZT

188

# MODENSCHAU

**Ein ca. 50 cm langes Brett, Heißkleber und Holzwäscheklammern helfen dir, deine Schals immer parat zu haben.**

Hier gibt es auch die Möglichkeit, noch ein Tagesmemo anzuhängen, damit der Tag gut startet.

189

# ALLES IM GRIFF

**Kleine Spickzettel oder Arbeitslisten sind hilfreich, damit man auch alles da hat, was man braucht.**

---

Bei regelmäßig wiederkehrenden Sachen wie Pack- oder Putzlisten sind laminierte Listen zum erneuten Verwenden sinnvoll.

# 190 FELGEN-MOBILE

**Kein Platz mehr in der Schublade? Dann häng doch einfach eine ausgediente Fahrradfelge an die Decke und bestücke sie mit Haken.**

Du kannst auch Hängepflanzen als Eyecatcher daraufstellen.

**Wer sagt, dass Reis und Nudeln in Tüten oder Plastik abgefüllt werden müssen? Die Dosen sind hervorragend dafür geeignet, und mit einem kleinen Etikett weißt du auch, was drin ist.**

Die Dose eventuell mit Alufolie am Dosenboden auslegen.

# 191 DOSENESSEN

# 192 DIE BÜCHSE DER PANDORA

**Mit Sprühlack kannst du die Dosen farbenfroh ansprühen, das ist schon d halbe Miete. Wenn du nicht so geübt bist, frei Hand zu malen, kannst du au Gewebebänder mit Motiv wählen, die passen sich gut der Rundung an.**

Mit Acrylfarbe ist das Motiv wasserfest

# NOTIZEN

**AHA!**

Na, hast du schon deine alte Küchenreibe hervorgeholt? Es ist doch erstaunlich, wie hilfreich die sein können.
Ich liebe außerdem Magnete und bin immer um jegliche Metallflächen dankbar, so kann ich teure Post-it-Blöcke sparen und altes Konzeptpapier als Notiz verwenden.

# NOTIZEN

# Nachhaltig Wohnen

193

**Du brauchst eine neue Badematte? Kannst du aus alten T-Shirts selbst flechten! Die Stränge mit Heißkleber aneinander kleben.**

---

Kannst du natürlich auch als Wohnzimmerteppich benutzen!

Bitte wirf nicht gleich alles weg! Ich versuche natürlich, keine Ansammlung von Müll zu machen, aber manchmal tut es gut, etwas 1–2 Tage länger aufzuheben – und du findest plötzlich eine neue Aufgabe für einen Gegenstand! Hier haben wir ein paar schöne Beispiele für dich, was du so alles zaubern kannst.

# 194

# WINDSTILL

**Nimm eine Feinstrumpfhose und steck zwei Geschenkpapierrollen hinein. Nur kannst du die Strumpfhose unter der Tür durchschieben, je eine Rolle ist auf einer Türseite.**

Zugluft adé!

**Aus einer leeren Milchtüte kannst du ganz einfach eine schöne Box machen.**

Super als Blumentopf oder für Stifte und Kleinkram.

# 195 EINGETÜTET

196

# HANDWÄRMER

**Dies kam in der Gassparzeit auf. Stell einen Teller zwischen zwei Ziegelsteine mit Teelichtern und stülpe einen Tontopf darüber.**

So hast du angenehme Wärme und noch ein schönes Licht.

**Ein alter Baustelleneimer hatte wegen einem Riss ausgedient, und mit Betonresten entstand so diese Garderobe. Fette den Eimer an seinen Innenflächen gut ein und fülle den Beton nach Herstellerangaben gemischt hinein. Die Besenstiele hineinstecken und mit Brettern, die auf dem Eimerrand aufliegen, ausrichten, damit diese nicht kippen.**

Am besten vorher einen guten Standort suchen und zu zweit hintragen. Die Garderobe ist standfest, aber schwer.

197

# WIE HINGEGOSSEN

# 198

# TIERISCH GUT

**Mit einem Zeitungsblatt als Hintergrund, am besten den Börsenteil ohne Fotos, können tolle Bilder entstehen. Übertrage die Silhouette deines Lieblingstiers auf ein schwarzes Tonpapier oder schaue im Netz was du findest und ausdrucken darfst.**

---

Du kannst auch verschiedene Farben für die Tiere verwenden, dann hast du mehr Kontrast.

# 199 DAS HAT STIEL

**lit 12 Stieleis bist du dabei! Lege die einzelnen tiele aufeinander und klebe sie mit Heißkleber usammen.**

---

)b Nagellack oder Augentropfen, so ist alles ist esichert vor dem Umfallen in deiner Schublade.

200

# VÖLLIG VERMESSEN

**So ein Meterstab geht ab und an kaputt. Säge ihn in gleiche Teile und klebe ihn an der Kante einer kleinen Holzplatte mit Heißkleber fest. Erde und Sukkulenten oder Stilblumen rein, fertig!**

Mit einer kleinen Plastiktüte können auch Pflanzen mit mehr Durst eingesetzt werden.

**Achte auf möglichst sparsame Glühbirnen, die lange halten. Halogenlampen halten bis zu 4.000 Betriebsstunden. Herkömmliche Energiesparlampen schaffen sogar das Zehn- bis Zwanzigfache davon, während LEDs 50.000 bis 100.000 Stunden leuchten.**

So sparst du Strom und Geld.

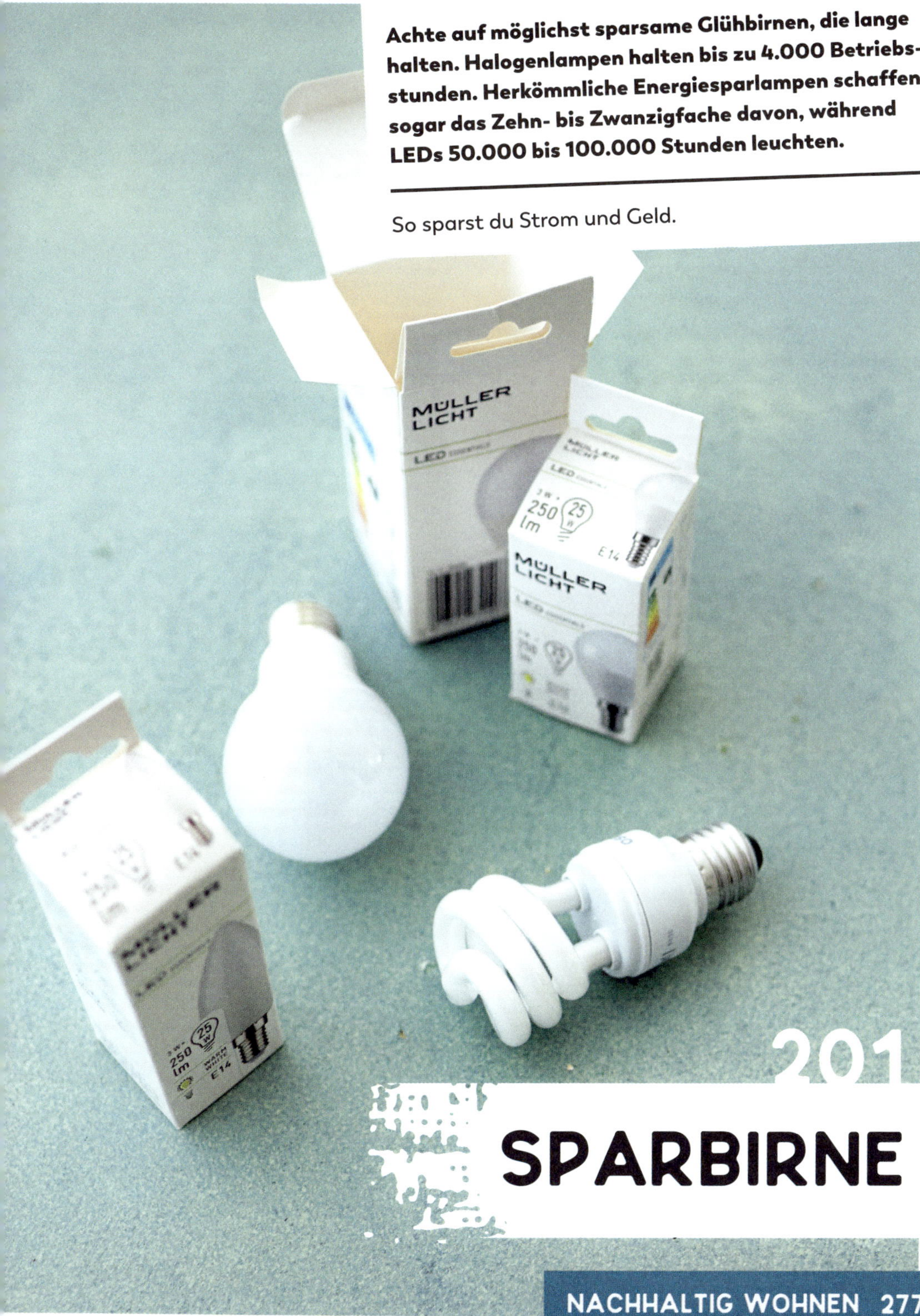


# 201 SPARBIRNE

**Dein Haus oder deine Wohnung kannst du mit Pflanzen herrlich begrünen, auch innen.**

---

**1** **Mit Zimmerpflanzen kannst du selbst dein Schlafzimmer in eine grüne Oase verwandeln!**

# 202

# GRÜNER WIRD’S NICHT

**2** **Auch im Wohnzimme oder im Wintergarte sieht ein bisschen Grün einfach frisch aus. Und nachhaltig ist es auch.**

3 Das Bad wirkt auch gleich viel luftiger. Farne und andere Pflanzen, die viel Feuchtigkeit mögen, machen sich hier gut.

In der Küche kannst du gut auf Hängepflanzen zurückgreifen oder eine zweite Ebene einziehen, um deinen Arbeitsplatz nicht vollzustellen.

**Für diese Pflanzmagneten eignen sich am besten Sektkorken, die du nicht ganz durchbohrst. Mit etwas Erde und Sukkulenten hast du tolle kleine Vertikalgärten.**

Du kannst auch Notizen, Rezepte oder Postkarten damit festmachen.

# 203 PFLANZMAGNET

204

# GRIFFBEREIT

**Das Backgitter ist mit zwei Haken aufgeräumt und das Trockenhandtuch ebenso.**

---

Zwei Fliegen mit einer Klappe!

205

# STUHLSOCKEN

7

**Nie mehr lästige Filzklebepunkte – und cool sieht es auch noch aus!**

---

**1** **Hierzu brauchst du: Stabile, dicke Wolle in Gelb, Häkelnadel in passender Größe, Schere**

**Verwende eine dicke stabile Wolle und häkle damit 5 Luftmaschen.**

**3** **Die letzte Masche verbindest du mit der ersten und häkelst nun im Kreis hoch.**

**4** **Stimmt die Stuhlbeinbreite oder musst du noch Maschen aufnehmen?**

**5** **Hebe die Socke nach 6–7 cm nochmals an das Stuhlbein und entscheide, wie hoch die Socke werden soll.**

**6** **Bist du am Ende, schneide den Faden nach 15 cm ab und vernähe ihn mit der Häkelnadel in den Ösen. Diese Seite ist dann die Innenseite.**

**7** **Wiederhole dies nun bei drei weiteren Socken.**

# 206
# ALTPAPIER

**Du hättest gern ein neues Bild? Aus Papierresten oder Zeitungen mit dem Cutter Blattsilhouetten ausschneiden und auf einen farbigen Karton kleben.**

So können öde Wände frisch aufgepeppt werden.

# 207 AUFHÄNGER

**…e Getränkedose gibt Dosenpfand, aber …ch eine Öse für einen Bilderrahmen.**

…ese Öse ist schnell mit einer Schraube …iert und kann passend gebogen werden.

# ALLES RICHTIG?

**Es gibt ein paar Kernpunkte, auf die du beim nachhaltigen Wohnen achten solltest – auch, um deinen Geldbeutel zu schonen.**

---

**1** Richtig heizen: Im Wohnbereich reicht meist eine Temperatur von 20 bis 22 Grad Celsius. In der Küche sind für gewöhnlich rund 18 Grad, im Schlafzimmer 17 bis 18 Grad Celsius ausreichend. Kälter sollte es dort aber nicht werden, denn dann steigt das Schimmelrisiko. Im Bad darf es etwas wärmer sein, 22 Grad sind hier ideal. Außerdem solltest du auf folgende Punkte achten: Thermostat richtig einstellen; Heizung entlüften; keine Möbel und Vorhänge vorm Heizkörper; bei Abwesenheit die Heizung herunterdrehen; Heizungskörpernischen dämmen.

Richtig Energie sparen: Solarpanele sind längst bei uns angekommen. Das sollte bei der Planung beachtet werden: Um die Solarenergie einer Solaranlage optimal nutzen zu können, sind Standort, Ausrichtung und Winkel der Solarpanels besonders wichtig. Der optimale Neigungswinkel in Deutschland liegt bei 30-40 Grad. Abschattungen zum Beispiel durch Gebäude oder Bäume verringern den Wirkungsgrad.

2

3

3 Richtig beleuchten: Deine Wohnung solltest du mit LEDS beleuchten und die Mehrfachstecker mit einem Ausschalter versehen. LEDs sind effizient, langlebig sowie wartungsarm und somit die ideale nachhaltige Beleuchtung. Die modernen Lichtquellen verringern nicht nur die Stromkosten, sondern auch die Lichtverschmutzung des Nachthimmels. Für eine umweltkonforme Außenbeleuchtung sollte diese nachts mit stark reduziertem Blaulichtanteil umgeschaltet werden. Das Licht wirkt auf Insekten deutlich weniger anziehend.

4 Richtig lüften: Stoßlüftung mehrmals täglich mit weit geöffnetem Fenster, am besten durch Öffnen gegenüberliegender Fenster („Durchzug"); im Sommer 20 bis 30 Minuten lüften, im Winter sind fünf bis zehn Minuten ausreichend; Lüftung bei abgedrehter Heizung durchführen, wenn möglich. Dadurch sparst du auch Geld.

4

**Aus einer alten Backform, bei der innen die Beschichtung schon den Geist aufgegeben hat, musst du nicht wegwerfen. Mach doch eine Memowand mit Magneten draus!**

---

Du kannst auch Haken für leichteren Kleinkram daran befestigen.

# 209

# XXX

# 210

# SCHÖN KONSERVIERT

**Konservendosen in der Spülmaschine spülen und gut trocknen lassen. Papierstreifen aus schönem Motivpapier passend schneiden, mit Kleber einreiben und auf die Dosen kleben. Die Papierüberlappung mit einer Wäscheklammer fixieren, bis der Kleber getrocknet ist.**

Super für Stifte, Pinsel, Besteck und anderen Kleinkram.

**Neue Garderobe gesucht? Einfach ein paar S-Haken an einen alten Lattenrost, die Enden lassen sich auch zum Aufhängen verwenden. Alte Holzkisten mit Handtuchhaltern dienen als Schlüsselhalter.**

Manche Lattenroste sind gebogen, diese sollten an der Rückseite verstärkt werden.

211

# LATTENROST ADÉ

**Schneide einen Tennisball mit dem Cutter etwas auf. Male dann den „Mund“ etwas nach und füge nette Augen und Augenbrauen hinzu – fertig ist dein persönlicher Postbote!**

---

Auch als Memoboard geeignet.

# 212 POSTHALTER

Selbstgemachtes Waschmittel ist nicht nur günstig, sondern auch effektiv. Es ist mit Wunsch-Duftnote verfeinerbar und hält rund drei Monate.

**1** Dazu brauchst du:
40 g vegane Kernseife,
4 EL Waschsoda, 3 EL Zitronensäure,
10 Tropfen ätherisches Öl nach Wahl,
3 Liter Wasser, große Schüssel,
Schnebesen,
leerer Waschmittel-Behälter

# 213 WASH VEGAN

**2** 40 g vegane Kernseife fein raspeln und mit 4 EL Waschsoda in einer großen Schüssel verrühren.

**3 1 Liter kochendes Wasser zufügen und mit dem Schneebesen umrühren, bis sich die Seife aufgelöst hat. Danach eine Stunde abkühlen lassen.**

**4 Nun die Masse erneut verflüssigen, indem du den nächsten Liter kochendes Wasser zugibst und rührst, bis alles wieder schön flüssig ist. Danach erneut abkühlen lassen.**

**Venn die Flüssigkeit gelartig wird, ibst du den dritten Liter kochendes Vasser hinzu. Umrühren und nach nd nach 3 EL Zitronensäure (vor- icht, schäumt auf) und 10 Tropfen therisches Öl nach Wahl zufügen.**

**6 Waschmittel kurz abkühlen lassen und dann in einen leeren Waschmittel-Behälter umfüllen. Vor jedem Benutzen kurz schütteln.**

Ätherische Duftöle wie Zitrone, Grapefruit, Jasmin oder Lavendel lassen deine Kissen und Decken besonders frisch duften.

214

# WEICHGESPÜLT

**Schneide eine Weichspülerflasche auf. Diese ist super stabil und standfest, um Bücher vor dem Umkippen zu bewahren.**

Verwende mehrmals die gleiche Farbe bzw. Größe, das sieht cool aus.

**Du hast noch Platz für ein Bild? Coole Urlaubskarte, Scrabblesteine, Bilderrahmen – fertig.**

Du kannst deine Message auch immer wieder ändern, z. B. mit Magnet- oder Klettband auf den Spielsteinen.

215

# SPIELEND EINFACH

216

# COOLE MASCHE

**Eine Häkelrunde mit Schwammgarn und fertig ist der neue Spüllappen.**

---

Das Garn ist wasser- und schäuerbeständig – eine tolle Idee, sich abends handarbeitstechnisch auszutoben.

217

# GLASKLAR

**Aufbewahrung oder Deko? Abgespülte Flaschen mit Malerkrepp so abkleben, dass man später freie Stellen hat. Die Flaschen mit Acryllack oder Tafelfarbe 1–2 Mal anmalen. Im feuchten Zustand das Kreppband entfernen.**

---

Flaschen gut ausspülen!

218

# DURCH DIE BLUME

**Eierkartonpaletten eignen sich super als Vasenattrappen. Mit einem Cutter schneidest du die Erhöhungen an und kannst dadurch die Paletten knicken. Mit dem Hefter oder einer Heißklebepistole verbinden.**

---

Ein Reagenzglas oder ein normales Wasserglas dient als Vase.

**Das ganze Jahr Frühling? Kein Problem! Inzwischen gibt es richtig tolle Stoffblumen, die man immer wieder neu arrangieren kann und die wie echt aussehen. Je nach Jahreszeit oder antizyklisch, auf was du gerade Lust hast.**

Das ist nachhaltiger und günstiger, als ständig neue Schnittblumen aus zweifelhaftem Anbau zu kaufen.

# 219 STOFFBLUMEN

## 220

# GSPART IS GSPART

**Auch beim Wasser gibt es einen Wasserfußabdruck. Du kannst aber auch hier sparen, indem du deine Bettwäsche und Dekokissen nicht ganz so oft und heiß wäschst. Oder generell weniger Tischdecken benutzt – eine Wäsche weniger!**

---

Wenn du die Dusche anmachst und wartest, bis das Wasser lauwarm ist, kannst du gleichzeitig etwas Gutes für deine Pflanzen tun: Einfach das kalte Duschwasser in einer Gießkanne auffangen.

221

# BACKTABLETT

**Schraube einfach zwei Küchenschrankgriffe an ein Backblech.**

Das Tablett ist etwas schwerer, aber auch stabil.

222

# RUSTIC LOOK

Ausrangierte Männerhemden lassen sich mit wenigen Handgriffen zu einem schicken Kissenbezug umwandeln. Schneide das Hemd auf Kissengröße (+ je 2 cm Zugabe) zu, sodass die Knopfleiste mittig ist. Nun drehst du den Stoff auf links und vernähst alle Seiten. Zum Schluss zurück auf rechts drehen und mit einem Kissen oder mit Füllwatte füllen.

---

Du kannst auch Zirbenspäne einfüllen, das duftet gut!

# NOTIZEN

**AHA!**

Nachhaltig leben und wohnen ist gar nicht so schwer. Oft reicht es schon, ein paar Kleinigkeiten in den Alltag zu integrieren. Und wenn man bewusster darauf achtet, was man kauft und wo es herkommt, kann jeder seinen teil dazu beitragen.

# CHECKLISTEN

## WERKZEUGE / MASCHINEN ✓

- ■ Zollstock
- ■ Heißklebepistole
- ■ Cuttermesser
- ■ Bleistift
- ■ Stichsäge
- ■ Japansäge
- ■ Akkuschrauber mit verschieden Bits
- ■ Schraubendreher (Kreuz und Schlitz)
- ■ Fostnerbohrer
- ■ Schraubzwingen
- ■ Hammer
- ■
- ■
- ■

## VERBRAUCHSMATERIAL ✓

- Recyclematerial aus dem täglichen Leben (Schraubgläser, Flaschen, Korken, Eierkartons)
- Reste, Farb-Spraydosen
- Acrylfarbe und Pinsel/Walzen
- Hacken und Ösen
- Schrauben, verschieden
- Schleifpapier
- Holzleim
- Magnete
- Einmalhandschuhe (zum Schutz vor Farbe)
- Nägel
- Metallwinkel

# CHECKLISTEN

**SO KREIERST DU IM HANDUMDREHEN EINEN NEUEN LOOK!**

## WOHN- UND SCHLAFZIMMER ✓

- [ ] Deko upcyceln oder einfach austauschen
- [ ] Kissen austauschen
- [ ] (Stoff-)Blumen aufstellen
- [ ] Wand streichen oder mit einer Motivtapete Akzente setzen
- [ ] Möbel umstellen
- [ ] Mit Leuchtdeko Akzente setzen
- [ ] Lampen austauschen, andere Lichtstimmung kreieren
- [ ] Vorhänge oder Teppich austauschen
- [ ] 
- [ ] 

## KÜCHE ✓

- [ ] Fliesen anstreichen oder mit tollen Fliesenaufklebern bestücken
- [ ] Wand streichen oder tapezieren
- [ ] Möbel streichen
- [ ] Schrankfronten austauschen oder upcyceln
- [ ] Geschirr zur Schau stellen
- [ ] Behälter neu anordnen
- [ ] Retro-Dosen oder Glasflaschen statt Plastikbehälter
- [ ] 
- [ ] 

## TREPPENHAUS ODER FLUR ✓

- ☐ Fußmatte austauschen oder selbst beschriften
- ☐ Pflanze hinstellen
- ☐ Willkommenskranz aufhängen
- ☐ Ecken ausleuchten
- ☐ Schuhregal basteln
- ☐ Stickrahmen am Eingang
- ☐
- ☐
- ☐

## BAD ✓

- ☐ Duschvorhang austauschen
- ☐ Kacheln bemalen oder mit tollen Fliesenaufklebern bestücken
- ☐ Mit Lichterketten und Kerzen Akzente setzen
- ☐ Pflanzen hinstellen
- ☐ Neue Handtücher hinhängen
- ☐ Bademattе austauschen oder upcyceln
- ☐ Gemütliche Stimmung mit warmem Licht und Duft kreieren
- ☐
- ☐
- ☐

# MAKING-OF

Claudia beim Teppichmalen

Geschäftiges Treiben am Tisch

Die Autorin bereitet das nächste Foto vor

Wir bauen den Büchertisch zusammen, während Claudia den Wäschetisch fertig macht. Die Skateboardlampe wartet auch noch auf Action.

# MAKING-OF

Unsere Basis, wo die fertigen Modelle aufs Fotografieren warten

Claudia bereitet die Skateboard-Pinnwand vor

In der Küche wird nicht nur gekocht

Wieder ein Hack abgehakt

# DIE AUTORIN

## CLAUDIA GUTHER

lebt mit ihrer Familie im Raum Ludwigsburg. Mit ihrem Unternehmen www.kivents.de und dem Buchschreiben verwirklicht sie ihre Leidenschaft zu Farben, Aktionen und den aktuellen Trends. Ihr Unternehmen ist im Bereich Kinder auf Events stark vertreten.

Das Basteln der neusten DIY-Trends, der Einsatz des selbst umgebauten Feuerwehrautos als Spielmobil oder Farbeinsätze für die Firma Marabu, Vorführkraft oder als Kinderschminkerin sowie Airbrusherin, dies alles spornt sie jeden Tag aufs Neue an. Ihren Ausgleich gibt ihr der Wald, den sie nicht nur mit Familie, sondern auch mit Kindergärten und Schulklassen als zertifizierte Waldpädagogin erforscht. Seit 2003 veröffentlicht sie beim frechverlag u. a. Bücher zu Raumdekoration, Kinderbeschäftigung und Acrylmalerei. Zuletzt erschienen sind die „KinderWelten“ und die „Alles-Paletti“-Bestseller sowie die „DIY-Projekte aus Baumarktmaterial“.

# REGISTER

# Noch mehr Lifehacks

## im Kompaktformat gesucht?

978-3-7358-5089-8

978-3-7358-5029-4

978-3-7358-5056-0

978-3-7358-5030-0

978-3-7358-5085-0

978-3-7724-4634-4

978-3-7724-4631-3

978-3-7724-4638-2

978-3-7724-4579-8

978-3-7724-4601-6

978-3-7724-4581-1

978-3-7724-4582-8

Viele weitere Kreativ-Bücher findest du auf www.TOPP-kreativ.de

## Gibt's auch mit 222 genialen Lifehacks!

978-3-7724-4633-7

978-3-7724-4835-5

978-3-7724-4577-4

978-3-7724-4578-1

978-3-7724-4522-4

978-3-7724-4547-7

978-3-7724-4707-5

978-3-7724-7186-5

978-3-7724-4495-1

978-3-7724-7196-4

978-3-7724-7181-0

978-3-7724-4976-5

978-3-7724-7009-7

978-3-7724-7596-2

978-3-7724-7155-1

978-3-7358-7064-3

# #TOPPPROJEKT

**Die eigene Kreativität zeigen: TOPPprojekt mit anderen Kreativen teilen und Teil der Gemeinschaft werden.**

DIY-begeistert und auf Instagram? Dann unbedingt mitmachen! Hier gibt's Tipps und Feedback zu den eigenen Projekten. Außerdem verlosen wir jeden Monat ein Überraschungspaket. Um am Gewinnspiel teilzunehmen, einfach ein Bild vom Kreativ-Projekt aus unseren Büchern mit #TOPPprojekt posten und unserem Account @frechverlag folgen. Mehr Infos auf TOPP-kreativ.de/TOPPprojekt

## Website
Auf TOPP-kreativ.de kannst du ein riesiges Angebot von über 1.000 Kreativbüchern, Sets & mehr entdecken.

## Newsletter
Gleich anmelden unter: TOPP-kreativ.de/newsletter und immer als Erstes von unseren Neuheiten und Sonderaktionen erfahren.

## Instagram
@frechverlag

## Pinterest
pinterest.com/frechverlag

## Facebook
facebook.com/frechverlag

## DigiBib
Hier findest du zusätzlich zu vielen unserer Bücher digitale Extras, wie Video-Tutorials, Plotter-Dateien, Vorlagen, Übungsblätter & vieles mehr. Einfach im Impressum deines TOPP-Buchs den Freischalte-Code nachschlagen und exklusive Inhalte freischalten. TOPP-kreativ.de/digibib

## Youtube
youtube.com/frechverlag

# Wer wir sind, wie wir arbeiten, was wir lieben ...

Auf Instagram, Facebook und Pinterest findest du mehr über uns und unsere Arbeit und wirst immer schnell und einfach mit den neuesten Infos versorgt.

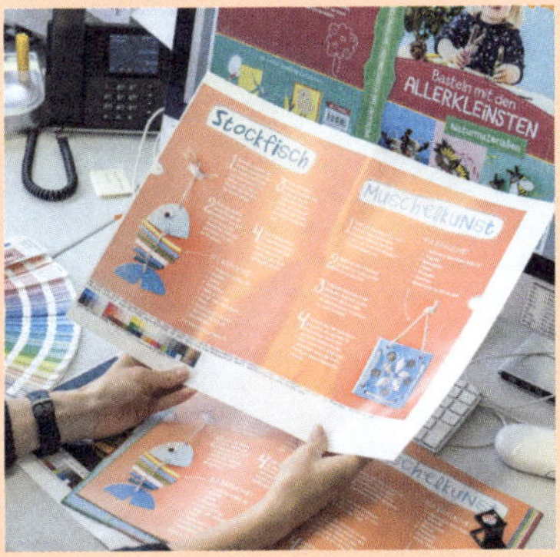

Alle News, alle Infos und alle Links findest du auf www.TOPP-kreativ.de

# IMPRESSUM

Fotos: frechverlag GmbH, 70839 Gerlingen; Fotostudio lichtpunkt, Michael Ruder, Stuttgart; stockfotos: Shutterstock.com: adpePhoto (S.89, #181705637), Africa Studio (S.113, #1038723463, #601893302; S.214, #1114330115), Anatoli Igolkin (S.189, #1687011400), bmphotographer (S.120, #738749116), brizmaker (S.113, #1867426453, S.120, #1705496503, S.244, #2178807905), Eder (S.130, #148539824), foamfoto (S.121, #234786502), Followtheflow (S. 86, # 2134536119, S.88, #1723139395, S.278, # 2007171905), Ground Picture (S.88, #1051175027, S.92, # 761064574; S.113, #627319613, S.121, #601881383, S.154 ,#1130157074, S.155, #1552217390, S.195, #485343154), Iglenas (S.112, #552977350), Ikebana Art-studio (S.155, #1854765679), Ioan Panaite (S.112, #1522561010), Jelena Yukka (S.162 ,#1087890797), Justin_Krug (S.82, #1950655459), Kattecat (S.278, # 2148680299), Kostikova Natalia (S.244, #1904656891; S.245, #2109483200, #2216689909), Lazy_Bear (S.186, # 2195687647), Mark Skalny (S.196, #90982568), MAXSHOT.PL (S.186, # 1981585070), mgequivalents (S.187, #2221387175), Mike Higginson (S.89, #2212567285), New Africa (S.121, #1670091748, S.278, #2014289465), Peang 99 (S.187, #431040931), Pinkystock (S.90, #2159614683), Pixel Shot (S.91, #2168056299; S.191, #2116669298; S.222, #2110284695; S.226, #1538121548), Procreators (S.225, #2241094371), Sanatana (S.112, #2073446654), Stelmakh Oxana (S.187, #563709610), Tatiana Buzmakova (S.278, #2170598701), tete_escape (S.154, #1942172281), Trygve Finkelsen (S.186, #1707937048), united photo studio (S.72, #295108769), (Klaus Wagenhaeuser (S.190, #2070557642), 9Air (S.80, #774771238), Zdena Venclik (S.120, #1828918943)

Covergestaltung: Eva Grimme unter Verwendung eines Fotos von lichtpunkt, Stuttgart
Produktmanagement und Lektorat: Eva Schrecklinger
Herstellung: Heike Köhl
Satz: Fotosatz H. Buck, Kumhausen
Druck und Bindung: POLYGRAF PRINT spol. s r.o.

FSC
www.fsc.org
MIX
Papier aus verantwortungsvollen Quellen
FSC® C023577

Penguin Random House Verlagsgruppe
FSC® N001967



1. Auflage 2023


ISBN 978-3-7358-5091-1 • Best.-Nr. 25091